평일 아침 9시를 기다리며

희로애락 일희일비

평일 아침 9시를 기다리며

한상현 지음

좋은땅

책을 펼치며

2020년 3월부터 쉬지 않고 주식을 달려온 글쓴이는 주식 초보자 생활을 한 지 어느덧 3년이라는 시간이 흘렀습니다. 3년이라는 짧은 시간 동안 주식으로 인해 웃고 운 날도 많았으며, 수많은 일을 겪었습니다. 이러한 경험은 평생 기억에 남을 소중함이 함께 있는 경험들이었습니다. 주식은 멈춰 있는 잔잔한 호수가 아닌 밀물과 썰물 그리고 높고 낮은 파도가 쉬지 않고 움직이는 마치 생명체와 같은 그런 바다라고 생각합니다. 휴장을 맞이해 돌아보며 친한 형과 술잔을 부딪치던 중 그동안 나는 주식으로 무슨 일이 있었나 생각을 정리해 보다가 책으로 쓰면 이야기가 될 수 있겠다는 생각이 들었습니다. 오랜만에 노트북을 켜 흰 바탕에 검은 글자를 한 글자씩 정성을 담아 꾹꾹 눌러 글이 되고 그 글을 바탕으로 책을 쓰게 되었습니다.

대한민국에서 주식은 어쩌면 국가가 허락한 도박이라고 생각할 수 있습니다.

네. 맞습니다. 어떻게 생각하면 투자이지만 살짝만 빗나가도 바로 도박이 되어 버리는 판이 주식이라 생각합니다. 하지만 그게 꼭 나쁜 점만 있는 것은 아닌 거 같습니다. 살아오면서 느껴보지 못했던 새로운 감정을 주식을 통해 느낄 수 있었다고 생각합니다.

이 책의 제목을 《평일 아침 9시를 기다리며》라고 지은 이유는 마치 3년 동안 주식을 했던 나의 모습이 꼭 무언가를 기다리는 어린 아이처럼 장이 열리는 평일 9시를 설렘으로 기다렸던 모습 때문입니다. 많은 초보 투자 개미 분들이 공감하지 않을까 싶습니다.

이 책은 다른 주식투자 책들과는 다르게 주식투자에 있어서 종목 분석이라든지 차트 보는 법 등 주식투자에 필요한 지식정보를 얻는 책보다는 주식을 하는 일반 개미들이 책을 읽으시면서 잠깐 쉬어 가는 휴게소 같은 역할에 어울리는 책이라고 생각합니다. 지금은 주식을 잘하시겠지만 나도 저랬던 시절이 있었다는 향수를 불러왔으면 좋겠습니다. 어떤 목적을 가지고 읽기보다는 한 장 한 장 넘기시면서 웃음꽃이 피었으면 좋겠습니다. 대한민국의 모든 개미를 응원합니다.

이 책이 출판되면 모든 세계증시가 바닥을 기고 멈출 줄 모르는 금리가 계속되기에 많은 사람으로부터 관심을 받지 못할 것이라고 생각합니다. 하지만 시간이 지나 분명 증시가 좋아져 많은 사람이 주식투자에 관심을 가지게 되어 서점 어느 모퉁이 구석에서 가장 조명이 화려한 메인 자리로 나오길 바라겠습니다. 감사합니다.

목
차

1장

주식을 하면서

주식. 이 두 글자가 뭐라고 3년째 주식 초보자 때를 벗지 못한 나의 심장을 뛰게 할까. 주식과 사랑에 빠지지 말랬는데 이미 혼인신고마저 해 버린 거 같다. 조만간 애까지 낳을 기세다.

주식을 하기 전과 주식을 시작하고 나서 변한 나의 이야기를 정리해서 써 보면 좋을 거 같다고 생각했다. 분명 주식과 사랑에 빠진 나뿐만이 아니라 주식을 하는 주식 초보자라면 누구나 공감이 되지 않을까 싶다. 만약 '작가가 내 이야기를 그대로 써 놨잖아?'라고 생각이 든다면. 맞다. 당신도 주식을 사랑하고 있다. 아주 뜨겁게.

뉴스에 관심을 갖게 된다.

주식을 하기 전, 나는 뉴스에 큰 관심이 없었다. 재미도 없고 늘 틀면 정치 얘기만 하고 요즘 경제가 어떻다더니 물가가 어떻다더니 늘 똑같은 이야기만 하는 거 같아서 뉴스는 보지도 않고 뉴스를 본다고 해도 스포츠 하이라이트나 날씨 정도만 보았던 거 같다. 주식을 하기 전에는 보통 텔레비전을 틀면 과거에 봤던 영화나 예능을 틀어 놓았는데 만약 볼 게 없으면 텔레비전을 시청하지 않고 스마트폰을 이용하여 영상 플랫폼을 통해 좋아하는 영상을 보기만 했지 찾아서 볼 정도는 아니었다. 확실한 건 뉴스와 거리가 멀었던 나였다. 하지만 주식을 하고 나서부터는 즐겨 보는 영상이 많이 바뀌었다. 지금은 오로지 뉴스다. 뉴스에 관심이 없던 내가 회사 출근을 하려고 씻고 준비할 때도 어제 무슨 일은 없었나 미국경제에 문제는 없었나 관심을 가지게 되었고 마찬가지로 퇴근 후 그리고 운동을 할 때도 라디오로 뉴스를 듣곤 했다. 평소에 음악만 들을 줄 알았던 나였지만 주식을 하고 나서부턴 경제 관련된 영상을 라디오 듣듯이 습관처럼 틀어 놓는다.

평소에 뉴스는 어른들만 보는 건 줄 알았는데 내가 아는 어른들은 모두 주식을 하는 사람들인가 보다. 그리고 뉴스를 꾸준히 보다 보니 웬만한 예능보다 재밌는 거 같다. 삶의 질이 주식을 하기 전 과거의 나보다 확실히 좋아졌다. 이것은 내 기준 주식의 긍정적인 효과로 볼 수 있다.

월요병이 사라진다.

　직장인이라면 누구나 공감할 만한 월요병. 주말에 신나게 놀거나 푹 쉬고 다시 회사로 돌아가야 한다니. 생각만 해도 끔찍하다. 방금 잠깐 상상했는데도 아찔하다. 평일은 길게 느껴지는데 주말은 왜 이리 짧은 것일까. 그래서 그런지 월요일이 그 어느 날보다 몸이 무겁고 절망적인 거 같다. 아니 절망적이다. 첫 회사에 입사하고 월요병에 지쳐 있었을 때 '회사를 오래 다니다 보면 월요병도 적응이 잘되겠지.' 생각했는데 오히려 월요병은 회사에 다닌 시간이 지나면 지날수록 더 심해지는 기분이 든다. 적응이 쉽게 되지 않는 것은 사실이다. 하지만 진정한 주식꾼은 월요병이 없다. 왜냐면 월요일 아침 9시가 기대되기 때문이다. 주말 동안 주식이 열리지 않는다는 것은 도박꾼이 도박하러 갔는데 영업시간이 아니라서 돌아가라고 말하는 것과 문이 닫혀 있는 것과 비슷하기 때문이다. 그리고 만약 내가 가진 종목 중에 주말 동안 좋은 소식이 나온 게 있다면 주말 내내 침을 흘리면서 오픈채팅방과 종목토론방을 기웃기웃할 것이다. 그리고 그 종목을 가진 사람 모두가 빨리 월요일 9시가 왔으면 할 것이다. 나 또한 그랬었다. 장이 열리고 닫는 게 싫다면 우리에겐 코인이 있다. 하지만 나는 다행인 건지 불행인 건지 주식에 돈이 아주 물려 있어서 다른 투자를 하지 못하는 상황이다.

다시 본론으로 돌아와 지금은 아니지만 얼마 전까지 단타를 치던 나는 월요병 따윈 있지 않았다. 오히려 월요일이 기다려졌다. 그게 단타의 맛 아닐까. 그리고 그게 진정한 단타꾼의 운명 아닐까. 만약 월요병이 심하다면 금요일 장 마감 전 급등하는 종목을 매수하는 것을 추천한다. 그럼 월요병은 무슨. 평소에는 생각만 해도 끔찍했던 월요일 아침이 기다려질 것이다.

어떤 물건을 샀는데 괜찮으면 그 회사에 관심을 갖는다.

말 그대로 만약 내가 써 본 물건 중에 정말로 괜찮은 제품이 있어 남들에게도 인기가 많을 수 있겠다는 생각이 드는 물건이라면 괜히 나도 모르게 제품을 만드는 회사나 제품을 소유하고 있는 회사를 종목 검색해 보는 습관을 지니게 되었다. 괜히 뉴스에 나오는 회사 이름이나 아니면 평소에 내가 즐겨 쓰는 물건들 혹은 SNS에서 핫한 물건들을 많이 검색해 본다. 전에는 역시 단타쟁이처럼 급등하는 종목에 관심이 많았다. 예를 들면 인터넷 콘텐츠 서비스에서 어떤 시리즈가 대박을 터뜨렸다 하면 그 제작사 회사를 검색해 매수 후 조금의 수익을 보고 매도하는 방식으로 처음에는 괜찮은 매수법이라고 생각했으나 조금조금 수입을 내다가 돌아오는 건 역시 큰 파란색 피뿐이었다. 그래서 지금은 안전을 택한 매수를 하고 있다. 성과가 급격하게 나오는 거에 초점을 두지 않고 평소에 꾸준히 매출이 유지가 되는 그런 회사에 관심을 가지게 되었다. 예를 들면 생필품과 식자재가 있을 수 있겠다. 마트에 가서 인기가 많은 음식을 보고 그 회사를 매수하는 매매법을 하는데 수익률이 꽤 괜찮았다. 과거에는 단기적인 수익을 가져다주는 종목을 거래했다면 현재는 장기적으로 미래에 안정적인 회사의 주식을 소유하려고 노력 중이다.

내가 가진 종목에 대해 희망 회로만 돌린다.

"종목과 사랑에 빠져선 안 된다."
주식을 하는 사람이라면 한 번쯤은 들어 봤을 말이다. 그렇다. 사람이 사랑에 빠지면 이성보다 감성이 앞설 확률이 높다. 종목 이야기를 할 때 좀 더 자세히 이야기하겠지만 그 주식에 대한 충분한 공부로 인해 생긴 확신이 아닌 급등으로 인한 매수나 혹은 공부가 부족한 상태에서의 매수는 큰 하락을 맞은 후 정신을 차릴 수 없게 한다. 그렇기 때문에 종목과 함부로 갑작스러운 사랑에 빠지면 큰일 난다. 하지만 이미 난 수많은 종목과 바람이 난 상태이다. 그 이유는 모두 물려 있기 때문이다. 삐져서 축 처져 있는 주가를 내가 달래고 달래서 주가를 원상복구시켜야 한다. 하지만 그게 내 뜻대로 되지는 않는다. 주식은 심리적인 요인이 크기 때문에 분명 스스로 흔들리기 마련일 것이다. 그런데 여기서 주식이 많이 빠지면 원인이나 회사의 흐름을 잘 알아보고 냉정하게 판단해야 할 텐데 무조건 '나중에는 오르겠지.'라는 마음으로 가지고 있는 종목도 많다는 것이 문제다. 나도 물론 그런 종목이 여러 개 있다. 일단 운다. 보통 그런 종목은 적절한 공부가 되지 않았기에 누군가에게 의지가 되고 싶어 같은 종목 주주분들이 계시는 주식 오픈채팅이 있을 확률이 높다. 물론 내 이야기다. 원인 모를 희망 회로로 꼭 복구될 거라고 지금도 믿고 있다. 꼭 그렇게 돼야만 한다. 살려 주세요. 그 이야기에 대해 자세한 건 종목 이야기를 할 때 마저 하겠다.

주식을 하는 비중이 본인의 자산 중 큰 편에 속한다면 소비가 작아진다.

맨 처음 주식을 매수했을 때는 현금 비중과 주식의 비율이 나름 괜찮았다. 아무리 주식투자를 많이 하더라도 50대50 정도가 개인적인 생각으론 나에게 가장 적당하다고 생각했다. 주가가 생각하는 곳까지 올라가면 매도, 매수한 금액보다 더 떨어지면 현금 비중을 사용하여 매수하는 작전으로, 심리적으로 그리고 금전적으로 분할매수에는 최적의 방법이지 않냐는 생각을 했다. 전에는 주식투자를 할 때 자산에서 일부만 하자는 마음이 컸지만 그러던 내가 지금은 어느덧 총자산의 90%가 넘는 돈이 주식 계좌에 들어가 있다. 떨어질 때마다 더 사자는 마인드로 하다 보니 이런 사태가 벌어졌다. 주위에서 "코스피 많이 떨어졌는데?"라고 말하면 "지금이야! 더 사 더 사."를 외치고 주위 사람들에게 주식투자는 지금이라도 해야 한다는 '지금이라도'라는 운동을 전파했고 사람들이 더 떨어졌다고 불안해할 때마다 나는 쉬지 않고 아직 더 사도 문제없겠다는 생각을 가지고 주식을 팔지 않고 오히려 더 샀다. 다들 아시겠지만 주식은 2021년 6월 최고점을 찍고 지금은 전국 방방곡곡에 있는 스키장처럼 내려오고 있다. 2021년 6월까지는 리프트를 신나게 올라갔다면 지금은 스키를 타고 신나게 내려오는 중이다. 그래서 약 1년이 넘는 시간 동안 물만 주구장창 타다 보니 이런 사달이 일어났던 거 같다. 지금은 현금도 많이 없고 자연스레 소비가 전에 비해 훌쩍 작아졌다. 그렇다고 돈을 아예 안 쓴다는 게 아니라 주식을 하기 전에는 사실 소비가 큰 편이었다. 대학생 아르바이트로 번 돈도 적지 않았고 그래서 쓰기 바빴다. 마음에 드는 물건은 고민하지도 않고 구매했으며 명품을 즐겨 사곤 했던 시절이 있었다. 하지만 주식에 독사보다 세게 물린 지금은 맘에 들면 휙휙 구매하지 않고 여러 번 신중을 가해서 이게 나에게 정말 필요한 물건인지 고민의 고민을 거듭하다가 그래도 필요하다고 느끼면 그때 구매를 한다. 나에게 지금 꼭 필요한 물건인지가 가장 우선이 되었다. 이건 좋은 습관이라고 생각한다. 주식이 언젠가 빛을 보는 날이 오겠지만 아니 빛을 보는 날이 오겠지만 그런 날이 오더라도 소비는 지금처럼 변함없이 유지할 생각이다. 만약 본인의 소비가 크다고 생각하면 많은 현금을 주식에 투자해 보는 것을 권유한다.

장이 시작할 때부터 끝날 때까지 주식만 보는데 장이 끝나도 오로지 주식만 생각한다.

주식을 한 지 얼마 안 됐을 때는 정말로 매일 주식 창만 바라봤다. 회사에서도 현장에서 나오면 주식, 쉬는 시간에도 주식, 식사 시간에도 주식. 오로지 주식이었다. 휴가로 회사를 쉬게 되면 정확히 아침 8시 40분부터 저녁 6시까지 핸드폰으로 주식 앱을 계속 바라봤다. 이게 단타의 아주 심각한 중독 증상이다. 본다고 오르는 것도 아닌데 흔들리는 호가창을 바라보며 멍을 때렸던 거 같다. 내가 무슨 차트를 볼 줄 아는 것도 아니고 거래량이랑 매수매도에 집중만 하고 괜히 한 틱 두 틱 오르면 오픈채팅방에서 영차나 외치고 있고. 근데 이 문제보다 더 큰 문제가 있었다. 사실 장이 끝나면 주식을 잠시 잊고 내려놔도 되는데 장이 끝나면 모이는 곳이 있다. 종목토론방. 일명 종토방. 글을 쓰지는 않았지만 읽는 데에 재미가 있었다. 그 종목에 물려서 내일은 오를 거라고 찬양하는 성향과 그 종목을 사지 않고 떨어질 거라는 비판하는 성향과 전쟁을 하는 바로 그곳. 그곳에서 종목에 대한 상상의 날개를 펼치게 되었고 그걸 보며 내일은 꼭 오를 거라는 희망 회로를 돌렸던 거 같다. 근데 종목토론방은 봐도 아무런 의미가 없다. 종토방을 보면 볼수록 흔들리는 건 나의 마음뿐이었다. 내가 생각하는 투자 방향과 나의 원칙을 방해하기만 하였다. 예를 들면 목적지를 정하고 고속도로를 타고 가는데 갑자기 날 방해하는 고라니가 많이 튀어나와 목적지를 바꿀지 말지 고민을 하는 거랑 비슷할 수 있겠다. 그리고 만약 내가 산 종목에 확신이 있었다면 그런 글 따위도 보지 않았을 것이다. 그리고 평일 장이 끝나고 보면 그렇다 치는데 주말에도 종토방을 본다는 것. 이건 정말로 나의 주식에서 잘못한 행동 중 하나였다. 다행히도 지금은 종목토론방을 보지 않는다. 본다고 해서 오르면 정말 좋겠지만 봐도 떨어지고 안 봐도 떨어진다는 것을 깨달았기 때문이다. 만약 세게 물려서 종토방을 보는 사람이 있다면 그냥 오늘 저녁에 밥 뭐 먹을지를 생각하는 것이 더 현명한 선택이라고 생각한다.

내 것 빼고 다 가는 거 같다.

정말 신기하게도 내가 산 거 빼고 다 가는 기분이 든다. 전에 그런 일이 있었다. 주식도 결국 업종별로 나뉘어 있길래 오를 때 다 같이 오르고 내릴 때 다 같이 내리는 경향이 있다. 내가 가지고 있던 종목 중에 건설주가 있었는데 부동산 정책으로 인해 다 같이 급등한 적이 있었다. 그런데 놀랍게도 정말 내 주식 빼고 다 올랐다. 이게 뭔가 싶었다. 심지어 우선주를 가지고 있었는데 본주는 엄청나게 잘 가고 내 주식만 가지 않았다. 분명 같은 방향으로 가는 같은 업종 주식인데 왜 내 종목만 오르지 못했을까. 하지만 더 큰 슬픈 소식은 오래가지 않아 금방 찾아왔다. 부동산 정책이 단기 이슈로 인해서 급등 후에 다시 본인의 자리를 찾아가듯 급락하고 말았다. 그런데 내 건 분명 같이 오르지도 않았는데 왜 떨어질 때는 같이 손잡고 자이로드롭을 타듯 바닥을 깨러 가는가. 오를 때 안 올랐으니까 떨어뜨리지를 말던가. 나만 그런 건가 싶지만 이런 얘기를 하면 대부분의 많은 사람이 비슷한 경험을 했다고 한다. 내 생각에 어디서 날 전담 마크하는 세력이 조종하고 있는 게 틀림없다.

분명 어디선가 누가 날 보고 있다는 생각이 든다.

주식에 투자하시는 분들이 아마 가장 많이 공감하는 부분이라고 생각이 든다. 내가 단타를 쳐 보겠다고 종목을 사면 고점이고 내가 이건 틀렸다 싶어서 종목을 팔면 기가 막히게 저점인 주식시장이 과연 나만 그럴까. 어디서 누가 날 보는 것만 같다.

정말로 누가 "야, 저 호구 팔았다. 올려." "야, 저 호구 샀다. 내려." 이렇게 하는 거처럼 기가 막히게 팔고 좀 있으면 상한가 가고 내가 더 오르겠다는 생각이 들어 '나도 수저 하나만 올리자.'라는 마음을 먹고 매수하면 그 후로부터 거래량 죽고 매도세 넘쳐나면서 가격은 내려가고 조용히 쓱 오픈채팅방 들어간 다음 종목 분석 후에 장기투자라고 본인을 믿게 하고. 다른 사람들도 희망 회로 돌리면서 장기투자로 바뀌고… 계속 이러는 내가 밉다. 혹시 나만 그런 건가 싶어 주위 사람들에게 물어보면 지극히 정상이라는 말을 해 주었다. 분명 어디서 날 보고 있다는 느낌이 강하게 들었다. 그게 아니고서야 이렇게 될 리가 없다. 신기하게도 주위에 주식하시는 분들께 물어보면 다 고점에서 사는 게 정말 신기하다. 저점에서 산 개미는 정말 드물다. 개미는 어쩔 수 없이 개미인가 보다. 개미 그 이상은 될 수가 없나 보다. 과연 주식으로 돈을 버는 사람들은 누구일까.

마이너스길래 물을 꾸준히 탔더니 애초에 처음 샀던 원금보다 더 큰 마이너스를 기록한다.

용돈벌이 좀 해 보겠다고 많은 돈은 아니고 딱 100만 원으로 단타를 치려고 했는데 -30%가 되어서 30만 원이 손해인 상태에서 '손절은 없다. 무조건 본전에라도 나오자.'라는 마음으로 추가 매수를 해서 물을 막 탔더니 마이너스가 전에 넣었던 원금 100만 원보다 더 컸던 경험이 수도 없이 많았었다. 혹시 나만 있는 거야? 이제까지 단타를 쳤던 많은 종목 중에서 대부분 이런 현상이 일어났다. 바닥을 다지고 살짝 반등하길래 속으로 '진짜 반등인가?' 하고 슬쩍 추가 매수를 하면 "야, 저 호구 또 샀다. 내려."라고 누가 조종을 하듯 거짓말처럼 중력의 법칙과 같이 나의 종목도 저점을 뚫고 내려간다. 그러다가 희망이 없다고 생각하고 있다가 급등을 한 번 해 주면 또 추가 매수를 해 주고… "저 호구 또 샀다 킥킥. 당장 내려." 하면서 계단식으로 내려가고. 이거 진짜 경험해 보신 분들은 알 거다. 이걸 겪어 보지 못했다면 진정한 단타꾼이거나 당신은 거짓말쟁이일 확률이 높다.

주식에 투자하는 사람 둘 이상 만나면 말이 많아진다.

코스피가 코로나의 영향으로 1400대를 찍고 그다음 쉬지 않고 상승을 하더니 2021년 6월에 코스피는 결국 3300이라는 놀라운 상승을 보였었다. 이때 당시만 해도 주식을 하지 않으면 바보라는 소리를 들을 정도로 어딜 가나 주식 얘기가 쏟아져 나왔던 거 같다. 이때는 정말 "올랐어? 떨어졌어?" 아닌 "얼마나 올랐어?"라는 말만 있을 정도로 정말 눈감고 아무거나 사도 오르는 상황이었다. 정말 그때 당시에는 사람이 자주 붐비는 카페나 식당과 술집을 가면 주식 이야기가 대부분이었다. 그 결과 주위에서 저축만 하시던 분들마저도 주식에 관심을 가지게 되고 평소에 주식의 주 자도 모르던 우리 부모님마저 나에게 삼성전자를 지금이라도 사야 되냐고 물어보시며 주식에 관심을 가지기 시작하였다. 그 짧은 시간에 역대급으로 많은 신규 주식계좌가 만들어졌고 그렇게 한마음으로 영차 외치던 우리는 다같이 산 정상에서 만나 다 같이 손을 잡고 하산을 하게 되었다.

　나도 마찬가지로 많은 사람들이 주식에 관심을 가지고 있었을 때 얼마를 벌었냐느니 뭘 샀냐느니 정말 많은 이야기를 했던 거 같다. 이건 지금도 마찬가지지만 주식을 하는 사람이 둘 이상 만나면 시간 가는 줄 모르고 이야기한다. 영양가 있는 이야기보단 추억을 회상하는 이야기라고 할 수 있겠다. 그중에서 기억 남는 게 고등학교 때 친하게 지내던 친구랑 술을 먹은 적이 있는데 이 친구가 되게 내성적이고 말이 없던 친구였다. MBTI는 무조건 I다. 그것도 아주 소심한 소문자 i. 하지만 주식 얘기를 하면서 술을 먹으니 나는 무슨 대선 출마라도 하는 줄 알았다. 말이 원래 이렇게 많았나 싶기도 했고 한 편으로는 다른 모습을 볼 수 있어서 좋았다. 우리는 주식 이야기를 하면서 시간 가는 줄 모르고 술잔을 부딪쳤다. 안주도 많이 먹지 않았다. 나의 손실이 곧 안주니까. 혹시 주위에 이런 친구 있지 않나? 평상시에 말은 그다지 없는데 투자 얘기만 하면 말이 많아지는 친구. 평소에 할 이야기가 많았나 보다. 어쩌면 주식은 I를 E로 바꾸는 능력을 가진 것일지도 모른다.

많이 물린 종목이 있더라도 조금의 수익을 가져다주는 종목이 있다면 그거면 됐다.

전에 내 주식 계좌 합계가 마이너스 2천만 원일 때 있었던 일이다. 이때까지만 해도 나만의 주식 매수원칙이 정확하게 유지가 되었기에 현금 비중이 그렇게 나쁘지는 않았다. 그래서 시간이 지남에 따라 통장에 잔고는 늘어만 갔고 난 결국 남은 돈으로 손을 대지 말아야 할 판도라의 상자의 뚜껑에 손을 댄 적이 있다. 그것은 바로 급등주 따라잡기였다. 하지만 다행인지 불행인지는 모르겠으나 그때 온종일 고생한 결과 20만 원 정도 수익이 났다. 막힌 혈관에 피가 도는 것처럼 행복했다. 정말 오랜만에 보는 수익 때문인지 머리에 피가 도는 거 같았다. 그때 그 행복은 뭐랄까. 보이지 않는 정상을 가고 있지만 잠깐 쉬었다 가는 느낌이었던 거 같다. 그때 든 생각은 '이렇게 100번이면 본전이네?'라는 생각이었고 재미가 쏠쏠했다. 그런데 이런 이야기의 끝은 대부분 슬픈 결말이다. 진짜 문제는 그렇게 여러 번 도전하다가 괜찮은 수익과 손절매를 반복하면서 결국 이제까지 해 오던 급등주 따라잡기는 본전 정도를 유지하게 되었다. 단타를 치다가 물린 종목은 매도하지 않고 가지고 있었기에 나의 총마이너스는 2천만 원을 훌쩍 넘기게 되었다. 이게 단타다. 그니까 단타를 할 거면 주식은 안 하는 걸 추천한다. 단타는 결국 딸 수 없는 도박이다.

차트와 거래량에 집착한다.

책 다음 파트에서 더 자세히 다룰 이야기지만 사실 계약직으로 다니던 회사의 계약이 끝나 약 6개월이라는 시간 동안 백수를 한 적이 있다. 이때 이미 나는 주식에 중독이 되어 있어서 의미 없었던 차트와 거래량에 집착했었던 거 같다. 나와 차트의 끝없는 밀고 당기기의 시간이었다. 골든 크로스니 외인 기관의 매집 등 오픈채팅방에서 주주분들과 많은 이야기를 나누며 희망으로 가득한 이런저런 이야기를 했다. 뭐 차트와 거래량이 단타에 도움이 될 수는 있다고 생각한다. 하지만 뭐. 내 종목들은 이미 다 -40%인데 할 수 있는 게 뭐가 있겠어. 그래도 그땐 그게 정말 재밌었던 거 같다. 갑자기 주가가 몇 퍼센트 오르기만 해도 오픈채팅방에서 영차영차를 외치고 이번엔 진짜 반등이라는 말과 이번엔 꼭 탈출하자는 말을 정말 많이 했던 거 같다. 그렇지만 그럴수록 힘만 빠졌고 종목은 움직여도 티가 나지 않았다. 오르는 건 오직 내 혈압뿐이었다. 마치 장대 양봉처럼 혈압이 오르곤 했다. 저혈압 일 땐 주식이 도움이 된다. 오히려 보고 있지 않고 신경 안 썼던 게 더 도움이 되었던 거 같다. 그때 느낀 것은 주식 거래 종류마다 다르기는 하겠지만 나의 성격에 맞는 주식투자법은 차트와 거래량은 그다지 중요하지 않다는 것을 깨달았다. 장기투자를 중점으로 하고 있기 때문에 단시간에 오르고 내리는 것은 중요하지 않았다. 그리고 무엇보다 내가 뚫어져라 차트만 보고 있어도 누가 더 사주지 않는다. 차트와 거래량을 볼 시간에 본인이 하는 일에 집중하거나 다른 무언가를 하는 게 훨씬 좋다는 생각이 든다. 그때 백수 시간 동안 아무것도 하지 않고 매일 차트와 거래량을 보면서 시간을 보낸 과거의 나에게 미안한 마음뿐이다.

금요일 오후 3시 30분이 제일 싫다.

요즘(글을 쓰는 당일 코스피 지수 2218)같이 지수가 최고점 대비 많이 떨어질 때는 가장 즐거운 시간이 금요일 오후 3시 30분이다. 그 이유는 간단하다. 다음 날 장이 열리지 않으니까. 그래도 이틀 동안은 떨어지지 않아서 다행이라고 생각한다. 하지만 1400대에서 3000대로 거짓말처럼 말도 안 되게 급반등할 때는 그땐 금요일 오후 3시 30분이 정말 싫었다. 그땐 고개만 돌려서 두리번두리번해도 모두가 주식으로 돈을 벌 시기였기에 나뿐만이 아니라 주식을 하시던 분들은 모두 금요일 오후 3시 30분이 가장 싫었을 것이라고 생각한다. 이건 분명 그때 당시 주식을 하시던 분이라면 공감할 거라고 생각한다. 그때만 하더라도 내가 가지고 있던 종목 중 하루에 월급 이상의 수익을 가져다주는 종목이 있었다. 그러니 주식을 쉬는 주말이 싫을 수밖에 없었다.

주식으로 수익을 많이 보신 분들이거나 급등한 종목을 보유해 보신 분들은 수익이 날 때 나와 같은 마음일 거라고 믿는다. 금요일 오후 3시 30분이 얼마나 싫은지 그리고 빨리 월요일 아침 9시가 오길 바라는지.

잃은 건 얘기 안 하고 번 것만 얘기한다.

대부분의 사람이 주식투자를 이야기할 때 보통 수익이 난 것만 얘기한다. 주식뿐만 아니라 도박을 하는 사람들의 전형적인 특징이다. 남들이 물어보면 무조건 번 것만 이야기하고 잃은 건 없다는 듯 자신이 주식의 고수라도 된 듯 이야기를 한다. 이야기만 들으면 이미 다 부자다. 돈을 벌었다고 해도 계좌를 직접 보기 전까지는 모르는 법. 나는 단타를 많이 해봐서 그런지 이 책에 모든 종목은 다 담지는 못하고 그중 기억에 남는 종목 몇 가지를 쓰려고 한다. 만약 모든 종목을 다루려면 책을 장편 소설로 해서 내야 할 수도 있다. 그만큼 많은 종목으로 샀다 팔기를 반복해 왔다. 물론 이 책에는 손절매한 종목 그리고 아직도 마이너스여서 보유하고 있는 종목을 이야기하려고 한다. 그래서 최종적으로 나는 얼마를 벌고 얼마를 잃었냐고? 그건 이 책 후반부쯤에 말해 보도록 하겠다. 그전에 휴지 준비 꼭 하고. 눈물 없이 들을 수 없는 이야기이다.

본전 오면 팔아야지 마음먹었다가 살짝 수익으로 전환되면 본인의 다짐은 무슨 끝내 못 팔고 며칠 이내 다시 마이너스 주가로 되돌아오는 경우 그때 팔았어야 한다며 후회한 경험이 있다.

장담하는데 대부분 보통의 일반 개미는 마이너스 난 종목이 본전 오면 팔겠다고 다짐 또 다짐하다가 수익으로 전환이 되면 그때 더 가겠다는 생각에 결국 팔지 못하고 다 같이 손을 잡고 지하세계로 다시 돌아간다. 나도 지금 물려 있는 종목 중 대부분이 그런 경우다. 구조대가 한 번 왔다 갔는데 더 갈 수 있을 거라는 희망과 종목토론방과 오픈채팅방에서 끊임없이 외치는 "가즈아."와 "영차영차" 덕에 '여기서 내리면 나중에 더 오르겠지? 그래. 끝까지 다 같이 가는 거야. 내리면 속 아플 수도 있어. 누가 이기나 해 보자!'라며 같이 영차영차를 외친 결과 결국 깨지는 건 내 머리뿐이었다. 그러고 얼마 지나지 않아 다시 마이너스로 전환이 되어 아직도 물려 있다. 그 이야기도 종목 이야기할 때 좀 더 자세히 하겠다.

분명 난 직장인인데 공휴일이 싫다.

단타로 재미를 봤을 때는 정말로 공휴일이 세상 제일 싫었다. 나에겐 원수 같은 사람은 없지만 원수 같은 사람이 있었어도 공휴일보다 싫지는 않았을 것이다. 휴장이라니. 단타 개미들에겐 청천벽력 같은 소식이 아닐 수 없다. 한창 단타를 재밌게 했을 때 가장 싫었던 것이 바로 명절이었다. 3일씩이나 쉬어야 한다니. 그러나 걱정 말아라. 그전에 현금 비중 살짝 늘리고 미장을 하면 되니까. 이게 단타 중독의 초기 증상이다. 소액으로 하는 미국 주식 단타도 나름의 재미가 있다. 자고 일어나서 봤을 때 수익이면 하루가 상쾌하다. 물론 밤이 되어야 팔 수 있지만.

최종 합격한 회사를 고를 때 큰 도움이 되었다.

단타 투자에서 장기투자로 바꾼 나는 정확히 주식에 대해 잘 안다고 하면 거짓말이고 그래도 재무제표를 보는 거 정도는 할 수 있다. 이게 최종 합격한 회사 중 어느 곳을 갈지 고르는 방법에 도움이 되었다고 생각한다. 지금은 제약 회사에 다니고 있는데 총 3개의 회사에 최종 합격 후 내가 가고 싶은 회사를 고르기만 하면 되는 상황이었다. 다니는 회사 포함해서 총 3개의 제약 회사는 누가 들어도 알 수 있는 회사이다.

A 제약 회사는 한국에서 바이오 탑 3안에 드는 회사의 계열사로 회사가 매우 안정적이며 쉽게 망할 수 없는 구조로 잘되어 있다. 대한민국에서 큰 바이오 회사의 계약사이다 보니 부채도 상당히 안정적이어서 최종 합격한 회사 중에는 가장 좋은 구조로 되어 있었다. 하지만 연봉이 다른 회사에 비해 낮은 편이었다.

B 제약 회사는 정말로 대한민국 주식의 한 획을 그었다 할 정도로 엄청 유명한 제약 회사이다. 나도 그 종목을 보유했었고 이 책에도 담을 예정이다. 주주였을 때부터 오너리스크와 조작이 많았기에 그런지 사실 다니기에는 좀 꺼려지긴 했다. 왜냐하면 이런 게 지속될수록 내가 미래에도 회사를 꾸준히 다닐 수 있는지 보장받지 못할 테니 말이다. 연봉은 이 3개의 회사 중 가장 높았다.

C 제약 회사는 주식으로 유명했던 회사이긴 하지만 젊은 사원이 많아서 좋을 거 같다고 생각했다. MZ세대로부터 되게 자유롭다는 이야기도 들었고 그래서 이 회사에 관심을 가졌었다. 연봉은 중간이었다. 재무제표는 아직 회사를 대표하는 제품은 없고 연구 단계이기에 꾸준한 적자를 보여 주고 있었다.

현재 나는 A 제약 회사에 다니고 있다. 그 이유는 연봉이 가장 낮음에도 불구하고 꾸준히 증가하는 매출과 영업이익과 모회사의 튼튼한 구조 때문에 쉽게 망하지는 않을 거라고 생각했다. 그럼 나머지 두 회사는 어떻게 됐냐고? B 제약 회사는 작년과 똑같이 매출과 영업이익이 적자로 유지가 되었다. 그리고 C 제약 회사 같은 경우 현재 권고사직으로 인해 인원을 축소하고 있다고 한다. 미래에 대해 불투명한 상황이 돼 버린 것이다.

만약 주식을 하지 않고 아무것도 몰랐다면 단순히 연봉만 보고 B 제약 회사를 고르지 않았을까 싶다. 하지만 종합적인 면을 보았을 때는 A 회사가 가장 좋은 회사라는 선택을 했다. 비록 주식에 크게 물려 있지만 이런 점은 인생에서 큰 도움이 되었다고 생각한다. 이번뿐만 아니라 앞으로도 그럴 것이라고 믿는다.

투자에 관심 없는 사람이 주식에 투자해 보겠다고 하면 고점을 향해 가는 중이거나 최고점이다.

주식투자 지표 중 그 어떠한 것보다 정확한 것이 있다. 바로 인간 지표이다. 투자에는 관심이 없고 적금만 드는 사람이 주식을 해 보겠다 하거나 그 종목 좋다는데 살까라고 물어보는 순간 만약 내가 그 종목의 주주라면 매도를 기다리는 것이 현명한 방법이다. 나도 이 방법으로 나름 괜찮은 수익을 올렸던 거 같다. 남들이 다 버스에 타려고 할 때 그전에 타 놓고 어느 정도 타면 재빨리 내리는 것도 주식에서 아니 주식뿐만 아니라 부동산, 코인 등 모든 투자에서 매우 성공적이며 차트와 거래량 같은 지표보다 가장 눈여겨볼 필요가 있는 부분이라고 생각한다.

나 포함 대부분 주린이의 첫 매수 종목은 삼성전자(005930)이다.

주식에 처음 입문하게 되어 어떤 주식을 살지 고민하다가 처음 매수한 종목은 삼성전자(005930)인 경우가 많다. 그 이유에는 여러 가지 이유가 있다. 첫 번째는 대한민국에서 시가총액이 가장 큰 회사로 자리를 잡고 있다는 점이다. 그 이야기는 한국에서 가장 안정적이고 큰 회사이다. 그만큼 믿을 만한 회사라는 점이다. 두 번째는 주식을 잘 몰라 주식에 투자하는 사람에게 물어보면 "잘 모르겠으면 그냥 삼성전자 사. 적어도 망하진 않겠지."라는 말을 한다. 그리고 내가 주식을 하면서 삼성전자를 보유한 적이 있었는데 늘 하는 말이 "에이, 그래도 삼전인데 망하겠어? 기다리면 되겠시."라고 말한 사람들이 대부분이었다. 주식에 처음 접하고 주식이 도박이라는 선입견도 있으니 아마 대부분 많은 개미의 첫 종목은 삼성전자가 아닐까 싶다. 물론 나도 처음 매수한 종목이 삼성전자이다. 그 이야기는 종목을 이야기하는 목차에서 좀 더 자세히 다뤄 보겠다.

2장

어쩌다 주식 시장에 발을 담갔는가

보통 주식을 시작하게 되는 경우는 크게 두 가지로 나뉜다고 생각한다. 첫째는 증시가 급등하여 주위에서 지금 주식 시장은 아무나 아무 종목을 사도 돈을 번다는 이야기를 하도 많이 들어서 나만 돈을 벌지 못하면 어쩌냐는 불안한 마음에 더 늦기 전에 지금이라도 해야겠다는 생각에 주식 계좌를 만들어 주식을 시작하는 경우가 가장 대표적이지 않을까 싶다. 두 번째는 바로 지인의 추천이다. 저축은 오르는 물가상승에 비해 내가 가지고 있는 현금 가치는 시간이 지날수록 떨어져 결국 마이너스를 피하지 못할 것이고 그렇다고 사회 초년생이 돈이 어딨겠는가 부동산 투자는 또 돈이 없어서 엄두가 안 날 것이고 그래서 소액으로도 만만하게 시작할 수 있는 것이 주식 아니면 코인인데 '너도 해 봐. 재밌어.'라는 악마의 속삭임과 같은 지인의 권유로 시작하는 경우가 있다. 나는 그중에서 후자에 속하게 되어 주식을 시작하게 되었다. 내가 주식시장에 몸을 담그게 된 이야기를 하려면 약 3년 전으로 거슬러 올라가야 한다.

2019년 1월에 전문대학 마지막 학년 마지막 방학과 동시에 회사에 입사하게 되었다. 사실 바이오 전공을 했었는데 나와 맞지는 않아서 맨날 놀기 바빴다. 학점이 4.5 만점이었는데 내 졸업 학점은 라섹을 한 후 내 시력과 큰 차이가 나지 않았다. 그래서 사실 바이오라는 전공에 미련도 없고 다른 일을 찾아서 하고 싶은 마음뿐이었다. 하지만 나의 예상과 대학 사람들의 예상을 깨고 빠른 시일에 제약 회사에 취업했다. 그때 당시 다녔던 회사는 오송에 있는 LG화학(051910)으로 전문대학 전공을 살려서 제약 부분에서 2020년 10월까지 약 2년 계약직으로 근무하였다. 운이 좋았던 건지 학교에서 공부를 잘한 친구와 같이 지원했는데 합격을 한 사람은 나뿐이었다. 낮은 성적과 뭘 해서 먹고살아야 할지 방황했던 시기였기에 어떻게든 되겠지 일단 그냥 다녀 보자는 마음으로 회사 입사를 마음먹었던 거 같다. 입사 당시에 한 300만 원 됐나. 대학 방학 때 알바했던 돈과 부모님이 주셨던 용돈을 모아서 보니 입사하기 전 그 정도 돈이 되었던 거 같다. 뭐 다들 비슷하겠지만 갓 대학이라는 그늘에서 벗어나 졸업하고 사회에 방금 나온 신생아 같은 초년생이 돈이 어딨겠는가. 그래도 아예 없는 것도 아니고 무려 300만 원이라도 있으니 긍정적으로 생각하고 열심히 모아 보자고 생각했다.

그렇게 1년 동안 돈을 열심히 모아서 약 2000만 원을 모았다. 300만 원을 제외하고 1700만 원 정도의 돈을 모았으니 적게 모은 건 아니라고 생각했다. 한 달에 100만 원씩 통장에 차곡차곡 쌓아두고 연말에 나온 성과금 중 500만 원을 저축했다. 그때 나이가 25살이었으니 2000만 원은 매우 크게 느껴졌다. 그때까지만 해도 오로지 저축만 하면 사는 데는 지장이 없을 거 같다고 생각했다.

그러던 2020년 3월 어느 날, 평소 회사에서 친하게 지내던 형(석배 형)이랑 같이 출근하는 길이었다. 회사에 다닐 때는 늘 그 형과 같이 출근을 했다. 서로 의지도 많이 했고 워낙 친하게 지내는 형이기에 우린 이런저런 솔직한 이야기를 많이 나눴다. 물론 퇴사하고 몇 년이 지난 지금까지도 친분을 유지하며 지내고 있다. 다시 이야기를 이어서 말하자면 형이 이런저런 이야기를 하다가 은행 이자에 대한 이야기가 나왔다. 그때 내가 은행에 들었던 적금의 이자는 약 2% 정도 되었다. 난 그 2%도 2000만 원 대비니까 1년에 누가 나에게 40만 원을 그냥 준다는 생각에 기뻐하곤 했었다. 형에게 금액은 얘기 안 하고 처음에 적금 들면 좋은 거 같더라는 이야기를 내가 먼저 꺼냈다. 그 이야기를 들은 형은 나에게 얼마를 모았냐고 해서 지금 통장에 2000만 원 정도 모았다고 솔직하게 이야기했다. 형은 너 바보냐며 통장에는 딱 1000만 원 정도만 있으면 되고 나머지 돈을 굴려야 한다고 이야기했다. 물가상승은 매년 오른다는 이야기와 짜장면 가격이 오른다는 이야기 등 많은 이야기를 해 주었다. 평소에 투자에는 관심이 없고 오로지 저축만이 답이라고 생각했던 나는 '졸려 죽겠는데 이 형은 아침부터 뭔 소리야.'라는 마음으로 듣는 둥 마는 둥 이야기를 들었다. 그냥 한 귀로 듣고 한 귀로 다 흘려보냈다. 퇴근 후 모든 일과를 마치고 집에 누워 자려고 했는데 천장을 바라보며 수많은 생각에 잠겼다. 이제까지 저축만 답이라 생각했는데 생각하고 또 하다 보니 형 말이 다 맞는 거 같았다. 매년 오르는 물가와 오르지 않는 건 내 월급뿐이라는 것을 실감하였고 이대론 안 될 거 같다는 생각이 들어 잠이 오기 전까지 수많은 영상 매체를 통해 주식과 투자 그리고 금리 등 수많은 경제 영상을 봤던 거 같다. 영상을 본 결과 저축만을 해서는 안 되고 나도 밝은 미래를 위해 어떤 투자라도 해야겠다는 생각이 들었다. 다음 날 형에게 어떻게 주식을 사고파는지 물어봐야겠다고 마음을 먹고 잠을 잤다.

　다음 날 어김없이 형과 출근을 같이 하는데 "형, 어제 곰곰이 생각해 봤는데 형 말대로 주식투자를 한번 해 볼까 봐."라고 말을 했는데 형은 내 말이 끝남과 동시에 씩 웃으며 나에게 평소에 쓰는 은행 어디 거냐고 물어보며 연동되는 주식 어플을 알려주고 간단한 용어를 설명해 주었다. "매수가 사는 거 매도가 파는 거. 빨간색이 좋은 거 파란색이 안 좋은 거."라는 말과 가장

기초적인 걸 알려 주고 주식시장이 여는 시간 정도를 알려 주었다. 형의 말대로 2000만 원에서 1000만 원은 예금통장에 넣어 두고 나머지 1000만 원을 주식투자를 하겠다고 생각했다. 그래서 평소에 쓰는 은행과 연동이 되는 주식 어플을 설치하고 돈도 1000만 원을 옮겨 놓았고 설레는 마음으로 아침 9시를 기다렸다. 그때의 떨림은 나의 인생에서 손가락 안에 들었던 거 같다. 그 이유는 아마 사회 초년생에게 천만 원은 적은 돈이 아니었기도 했고 뭐든지 처음이라는 것은 설레기도 하면서 두렵기도 하니까 돈을 벌었을 때를 상상하며 설렘 반 그리고 돈을 잃었을 때를 생각하며 걱정 반이라는 마음 때문이었던 거 같다. 그런 마음으로 장이 열리는 아침 9시가 되기를 기다렸다. 그리고 아침 9시가 되고 장이 시작됐다는 말과 함께 난 주식 앱을 키고 매수하게 되었다. 이게 내가 주식을 시작하게 된 이야기이다. 주식의 주 자도 모르는 내가 주린이가 된 날은 정확히 2019년 3월 10일이었다. 군대에 입대하는 날을 잊지 못하는 거처럼 이 날도 평생 잊지 못할 거 같다.

이 점에서 내가 잘했다고 생각하는 점은 주식을 샀다는 것이다. 평소에 저축만 답이라 생각했던 내가 직접 주식을 사다니 마치 꼬마의 모습을 벗고 진정한 어른이 된 것만 같았다. 주식을 통해서 별로 관심이 없던 뉴스에 재미를 가지게 되었고 지금은 어떤 채널보다 뉴스채널과 경제 관련 영상을 많이 찾아본다.

영화나 드라마보다 우리 현실 그리고 앞으로 벌어질 미래가 더 재밌었다. 마치 현재는 무엇이든 해내려고 하는 액션영화 같지만 인생의 후반부에 들어서도 그런 액션영화를 이어 가려면 결국 돈이 필요하다는 것을 깨달았다.

반대로 내가 주식을 시작했을 때 잘못했다고 생각한 점은 아이러니하게도 주식을 샀다는 것이다. 우선 그 이유로는 주린이가 가장 많이 하는 행동 때문인데 그것은 바로 주식 장이 열리는 오전 9시부터 오후 3시 30분까지 핸드폰을 수시로 본다는 점과 한 틱 한 틱에 너무 집착하는 모습을 보였던 거 같다. 일희일비는 주식시장에서 거짓말이었다. 그거보다 더욱더 심하게 감정 기복이 생겼던 거 같다. 몇 초 단위로 한 번씩 후회와 안도가 반복되었다. 주식을 하면서 가장 많이 한 말이 아마 "어?"였던 거 같다. 올라도 어? 떨어져도 어? 아무런 변화가 없어도 어. 만능의 단어였다. 주식 중독이라고 느꼈던 게 주식이 오르면 떨려서 밥이 잘 안 들어가고 주식이 떨어지면 탈출해야 하니까 신경 쓰여서 밥을 잘못 먹은 거 같다. 다이어트에는 급등주 매수하는 것만큼 좋은 것도 없는 거 같다.

또 너무 급하게 주식시장에 뛰어든 건 아닐까 싶다. 전쟁터에 나가려면 전투복도 입고 무기도 좀 챙겼어야 했는데 발가벗고 돌멩이 하나 들고 싸우러 나가니. 총알이 사방으로 날아드는 전쟁터에서 무모한 행동이라고 생각한다. 회사 형의 추천으로 인해 주식을 시작한 건 내 인생에서 매우 잘한 일이지만 전문적인 기술정보는 아니더라도 아주 기초적인 용어라든지 매수하는 법이라든지 그런 걸 좀 알았더라면 투자에 도움이 되지 않았을까 싶다.

그래도 후회하거나 그렇진 않는다. 인생을 긍정적으로 생각하게 해 주고 희망을 가지게 해 준 것도 주식이기에 오히려 좋다. 이렇게 주식을 시작하게 된 나의 이야기는 그만하고 이제 그동안 내가 매수매도한 수많은 종목 중에 기억에 남는 종목을 몇 개 정도 끄적끄적해 보려고 한다. 아 참 마지막으로 주식에 발을 담그게 해 준 형에게 감사를 표한다.

3장

주식을 하던 예전의 나

주식. 반대로 읽으면 식주. 현재 나에게 주식은 의식주에서 '식주' 정도가 될 만큼 내 인생에서 엄청나게 큰 자리를 차지하고 있다. 주식을 하기 전에는 주식을 하는 사람들이 이해되지 않았지만 왜 하는지 알 거 같다. 왜 하는지 몰랐었던 그리고 해서는 안 될 것만 같았던 주식을 지금은 내가 많은 사람에게 권유하고 있다. 20년도부터 약 3년간 주식을 해 오며 아직 주린이에서 벗어나지 못하고 있다. 처음에는 '우량주로만 매수해야지.' 마음을 먹었던 나는 일반 개미와 다를 것 없이 다른 종목에 비해 낮은 상승과 낮은 하락에 지루함을 느끼고는 가지고 있던 좋은 우량주를 수익이 되기도 전에 매도하고 급등 테마주를 열심히 올라탔었다. 그때만큼은 타잔보다 더 잘 매달렸던 거 같다. 그래서 맨날 장이 시작하고 끝날 때까지는 핸드폰으로 주식 어플을 키고 거래량과 1분 봉 차트만 봤었다. 장이 끝나도 종목토론방이나 오픈채팅방에 출근 도장을 찍고는 많은 이야기를 나누며 같이 영차 영차를 외치며 희망 회로를 돌리곤 했었다. 하지만 회사에 다니면서 하기엔 좋은 투자 방법은 아니었다. 주식 초반에 이런 식으로 약간의 수익을 맛봤던 나는 건드리면 안 되는 달콤하지만 독이 든 과일을 먹듯이 자꾸 단타에 손을 댔던 거 같다. 분명 머리로는 해서는 안 된다는 걸 아는데 이미 내 손가락은 매수에 손가락이 올라가 있었다.

　그때 당시 단타를 하면서 수익을 맛봤을 때 그 느낌은 마치 머리에 그전까지 느껴 보지 못했던 무언가가 도는 느낌이었다. 그때 당시 같이 회사에 다니시는 분이랑 단타 수익을 벌었을 때 감정에 관해 얘기해 본 적이 있는데 그분께서 흡연하던 사람이 오랫동안 금연을 하다가 오랜만에 담배를 피웠을 때 딱 그런 느낌이라고 했다. 맞다. 이건 중독이다. 그것도 아주 심한 중독. 그때 당시 계약직을 다니고 있던 나는 단타를 하면서 '매일 이렇게 10만 원 벌면 취업을 안 해도 먹고살 수 있겠다.'고 생각했었다. 근데 나만 이런 생각을 했을까? 분명 많은 사람들이 나와 같은 생각을 해 봤을 거라 믿는다. 그 이유는 단순하다. 해 본 사람은 알 거다. 가능할 거 같거든. 하지만 주식시장은 그렇게 호락호락하지 않았다. 하루에 10만 원 벌고 좋아하다가 남들 하차할 때 내가 승차라도 하게 되면 한 번에 엄청난 마이너스를 기록한다는 것을. 그리고 이게 저점이겠지 생각하고 물을 타면 머리채 잡고 지옥으로 내려간다는 것을 깨달았다. 단타도 쳐 보고 수익을 낸 종목도 많지만 지금까지 물려 있는 종목도 여러 개 있다.

LG화학을 계약직으로 다닐 때는 오로지 주식이었던 거 같다. 아침에 일어나서 회사에 가면 9시에 장을 보고 현장에 들어가는 습관이 생겼다. 그리고 쉬는 시간이나 점심시간에도 오로지 주식. 밥을 먹으면서까지 핸드폰을 손에서 놓지 않았다. 급등주를 매수했기에 정말 짧은 시간에도 상승과 하락의 폭은 엄청 변동성이 심했다. 그래서 일할 때도 주식 생각이 머리에서 떠나질 않았다. 매수하기 전이었으면 '아직 안 샀는데 더 오르면 어쩌지?'라는 생각으로 현장에 들어가고 매도하기 전이었으면 '아직 안 팔았는데 더 내리면 어쩌지?'라는 생각을 가지고 현장에 들어가다 보니 주식이 머릿속에서 벗어나지를 않았다. 정말 쉽지 않았다. 회사에서 할 일도 많은데 이런 잡생각도 들고 좋은 직원의 모습은 절대 아니었다. 어쩌면 회사에 다니면서 내가 가장 크게 한 실수는 아마 일을 더 배워 내 걸로 만들어서 개인 커리어를 올려야 할 시간에 주식으로 인해 그런 집중력이 분산되었던 것이다. 좀 창피한 이야기이긴 하지만 그때의 중독 상태는 심각했다. 예상가를 보고 급등을 예고하는 종목이 있으면 9시가 되고 현장에 들어가지 않고 화장실에 들어갔던 기억이 있다. 일명 화장실 매매법. 직장인 개미라면 분명 공감하시는 분들이 계실 거라고 생각한다. 변기에 앉아 9시 땡 하면 요동치는 차트. 그때의 그 9시는 경마장에서 총성이 울리기 전 달리기만을 기다리는 경주마의 모습과 비슷했던 거 같다. 그냥 앞만 보고 달리는 경주마. 다행히 지금은 장기 투자를 고집하기 때문에 그런 매매법을 하지 않는다.

그렇게 2020년 10월 약 21개월의 계약직 회사생활을 끝낸 나는 시간이 굉장히 많아졌다. 그 이유는 실업급여 조건이 해당되었기 때문이다. 약 6개월간 취업하지 않고 백수를 즐기면서 실업급여를 받았다. 이 얘기는 단타를 본격적으로 할 수 있다는 뜻이기도 하였다. 그때는 코스피가 급반등하는 중이었기에 사는 종목 대부분 재미를 봤다.

회사 계약이 끝나기 한 달 전쯤 우리 가족에겐 안 좋은 소식이 있었다. 할아버지, 할머니가 어렸을 때부터 지금까지 사셨던 집이 노후화로 인해 화재가 발생한 것이다. 다행히도 할아버지와 할머니가 다치지는 않으셨다. 낮에 집을 비운 상황에서 불이 났다고 하는데 정말 천만다행이다. 아버지는 이번 기회에 그냥 집을 다시 짓자고 말씀을 하셨다. 하지만 집을 새로 짓는 건 짓는 거지만 집을 지을 동안 할아버지, 할머니가 계실 곳이 마땅하지 않았다. 그래서 우리 부모님은 집을 다 지을 때까지 할아버지, 할머니와 몇 개월 같이 살기로 했다. 그때 당시 회사로 인해 오피스텔 원룸에서 살던 나는 회사와의 계약이 끝나고 본집에 들어가기가 애매한 상황이 되어 버렸다. 할아버지, 할머니가 내 방을 사용하셨기 때문이다. 그때 작은아빠는 괜찮으니 우리 집에서 지내라고 했다. 그래서 작은아버지가 사시는 집에서 사촌 동생들과 같이 백수 생활을 즐기기도 했다. 사촌 동생들이 막 대학생이 됐을 때라 실습과 자취를 해서 집에는 거의 들어오지 않았고 작은아버지 집에서 사는 동안에도 혼자 있는 시간이 많았다. 그리고 그때 당시에 코로나도 절정으로 치닫고 있어서 각종 문화생활도 즐기지 못했고 무엇보다 스포츠를 배워 보고 싶었으나 문을 닫은 시설이 많았기에 배우지도 못했다. 그리고 할아버지, 할머니도 우리 집에서 부모님과 같이 사시고 계셨기에 그때 내가 코로나에 걸리면 큰일이 날 수 있겠다는 생각이 들었다. 하지만 이 모든 상황이 어쩌면 나에게 딴 일은 잠시 접어두고 오로지 주식을 할 수 있는 최적의 상황을 만들어 준 것은 아닐까라는 생각을 했다.

그때 그래서 내가 할 수 있는 것 중 가장 좋은 거라곤 침대에 누워서 OTT 플랫폼을 이용해서 영상을 보는 것이었다. 그래서 이제까지 많은 사람에게 역대급 드라마라고 칭찬받던 드라마를 보곤 했다. 아 주식은 안 했냐? 물론 드라마를 보면서 주식을 했다. 처음에는 한 핸드폰으로 영상을 멈추고 나가서 다시 주식을 키고 다시 OTT 어플을 키고 매우 번거로웠다. 드라마도 끊기고 집중력이 떨어진 것만 같았다. 그래서 그때 LG전자에서 나온 V40을 중고로 사야겠다는 생각이 들었다. V40은 듀얼 스크린으로 화면이 두 개여서 다른 앱을 두 개 킬 수가 있었다. 그래서 하나는 영상 다른 하나는 계속 주식만을 바라보았다. 이게 사람의 눈이 두 개인 이유인가 싶었다. 그렇게 주식과 드라마 두 마리의 토끼를 다 잡을 수 있었다. 그리고 주식도 많이 좋아하지만 주식을 좋아하는 만큼 반신욕도 엄청나게 좋아한다. 그래서 반신욕을 할 때는 주식에 영향을 받지 않기 위해 새벽에 일어나 아침 9시 전에 반신욕을 끝내거나 주식이 끝나고 나서 지난 오후 4시쯤 반신욕을 했었다. 이 정도면 거의 주식트레이더라고 생각할 수 있겠다. 모든 이가 부러워할 수밖에 없는 행복한 삶의 연속이었다.

그렇게 매일 드라마와 주식을 보던 내가 주식에 진심으로 다가가면 다가갈수록 심리적으로 많이 지쳐 있었던 거 같다. 오르고 내리고가 하루에도 수십 번씩 반복이 되니 정신적으로 건강할 리가 없었다. 평소에 술을 좋아하지 않던 사람이 술을 달고 살았으니 말이다. 작은아빠는 일을 나가시고 사촌 동생들은 학교에 가고 혼자 있는 시간이 많다 보니 술을 정말 매일 같이 마셨다. 아침에 일어나면 반신욕하고 유튜브를 통해 주식 단타 라이브 틀어 놓고 핸드폰으론 주식 창 켜 놓고 괜히 단타 라이브에서 급등하는 종목 따라 들어가서 승하차도 해 보고 그리고 나서 장이 마감하면 하루 있었던 주식 시장을 생각하며 밥을 먹으면서 소주 한 잔을 매일 했었다. 수익이 있는 날에는 기뻐서 한 잔, 손실이 있는 날에는 슬퍼서 한 잔, 아무런 변화가 없었으면 재미없으니 한 잔. 술이 없으면 밥을 먹기 싫을 정도였다. 이게 바로 알코올중독이라는 거구나 하며 생각하곤 했다.

실업급여를 받으며 백수 생활을 할 때 또 자주 갔던 곳이 여자친구가 거주하고 있는 인천 송도 집이었다. 정말 자주 놀러 갔다. 6개월 중 3개월은 작은아빠네 집에서 그리고 남은 3개월은 여자친구네 집에서 지냈다고 해도 될 정도였다. 거기서도 일어나면 내 루틴은 큰 차이가 없었다. 아침에 일어나서 여자친구 출근할 때 같이 나가서 출근하는 모습을 보고 혼자 집 앞에 강가를 걸으며 주식 라이브를 듣고 9시가 되길 기다리며 내가 가진 종목 중 크게 하락한 종목이 있으면 '지금이라도 강에 들어가야 하나?'라는 생각을 수없이 했던 거 같다. '그래도 오를 수도 있으니 종아리까지만 담가 볼까?'라는 생각도 많이 했다. 그리고 집에 들어가서 시리얼 한 그릇 말고 침대에 누워서 이불 속으로 들어가 드라마 보면서 주식 보기. 그렇게 온종일 있다가 여자친구 퇴근하면 같이 저녁 먹기. 이게 내 6개월간 일상이었다. 많이 아쉬웠던 부분은 6개월이라는 시간은 아마 내가 건강한 이상 정년퇴직하기 전에 가장 오래 쉴 수 있는 시간이지 않을까 싶었다. 그래서 그때 무언가를 해 보지도 않고 누워서 드라마랑 주식만 했다는 게 한편으로는 시간이 정말 아깝기는 했다. 하지만 반대로 생각해 보면 그게 내 삶에 원동력이 되기도 했다. 그 이유는 많은 종목이 물렸기 때문에 회사 생활을 더 열심히 해야만 하는 웃지 못하는 간절한 이유가 생겼기 때문이다. 나에게 들어오는 고정급여가 꼭 있어야만 했다. 그래서 실업급여가 끝나갈 무렵 바로 취업해야겠다는 생각을 가졌다. 그래서 계약직을 다녔던 경력을 가지고 준신입으로 오송에 있는 HK이노엔이라는 회사에 2021년 3월 말에 취업하게 되었다. 실업급여가 끝나기 전에 입사를 할 수 있어서 천만다행이었다.

회사 취업과 동시에 나와 부모님은 안도했다. 그래도 먹고살 수는 있겠다는 안도감도 물론 있었지만 한 편으로는 '지금까지 물린 주식 어떻게 해결해야 하지?'라는 마음이 사실은 더 컸다. 심지어 HK이노엔은 근무 시간이 아침 8시 30분까지 출근이라 주식개장을 같이 못 했다. 백수 6개월을 하면서 주식 개장을 늘 함께 해 왔는데 주식 개장을 같이하지 못하는 것이 낯설기만 하였다. 하지만 금세 적응을 잘해서 회사 패턴에 또 잘 맞출 수 있었다. 하지만 쉬는 시간이나 식사 시간에 주식을 보는 습관은 뭐 여전했다. 그래도 그 정도로 줄어든 게 어디인가! 일하던 도중에 보는 것도 아니고 쉬는 시간과 식사 시간에 본 것인데. 그래도 나름 잘하고 있는 거지. 많은 발전이라고 생각했다. 그리고 주식을 좋아해서 그런지 회사에서 주식을 하시는 분들이랑은 주식 하시냐는 그 질문 하나로 정말 쉽게 많은 사람들과 친해질 수 있었다. 나에게는 주식이 정말 좋은 거라고 생각했었다.

그렇게 회사에 다니고 다시 6개월의 시간이 지났을 무렵 나는 매일 반복되는 일상에 지쳤는지 회사생활에 무료함을 느끼고 퇴사를 결정했다. 평소 사업이나 프리랜서에 관심이 많았기에 지금이 아니면 내 인생에서 도전은 힘들 거라는 생각에 과감하게 퇴사하고 일주일 쉬고 바로 프리랜서 일을 했었다. 같이 운동하는 형의 권유도 있었고 도움을 받을 수 있었기에 그때 회사를 그만두고 새로 시작했던 일은 부동산 중개 보조 일이었다. 평소에 주식투자도 좋아하고 해서 그런지 부동산 투자를 배워 보는 것도 재밌을 거 같다고 생각했었다. 일도 배우고 투자도 배우고 두 마리 토끼를 다 잡을 수 있겠다는 생각을 했다. 회사생활과는 다르게 우선 매일 현장에서 일하는 것이 아니라 바깥을 돌아다니며 여유를 가지는 삶의 만족도는 매우 높았고 시간적 자유도 회사에 비하면 분명 많아서 나쁘지 않았던 선택이라고 생각했던 초반이었다. 그때 당시 일했던 부동산에는 내 전용 컴퓨터 모니터가 두 개였기 때문에 하나는 일할 때 필요한 화면을 켜 놓고 다른 하나는 주식 화면을 띄어 놓았다. 주식과 본업을 번갈아 가면서 해야 했기에 마치 테니스장 중앙에서 관람하는 거처럼 눈을 좌우로 열심히 굴렸었다. 그렇게 돈을 벌면서 다시 단타를 칠 수 있어서 행복했었다. 실업급여를 받았던 당시 백수 생활의 장점과 돈을 벌 수 있다는 장점이 맞물려 부동산 일이 나에게 맞는 최고의 일이지 않았나 싶었다. 그리고 일이 정말 잘 맞았는지 형의 기대 이상보다 일을 잘한다고 칭찬을 아끼지 않았다. 그때 당시 벌었던 수입은 직장을 다니면서 번 월급에 비해 많은 액수였고 그렇게 나는 물린 주식에 과감히 더 적극적으로 물을 탈 수가 있었다.

하지만 시간이 얼마 지나지 않아 다른 고비를 겪게 되었다. 바로 멈출 줄 모르는 금리 인상이었다. 부동산 일을 한 지 얼마 되지 않았을 때는 금리가 제로에 가까웠기 때문에 대출에 대해서 자유로운 분위기였다고 하면 금리 인상으로 인해 사람들이 대출 자체를 꺼리는 현상이 일어났다. 그 얘기는 즉 모든 투자의 거래 감소를 뜻하는 것이었다. 투자뿐만 아니라 아파트 및 단독주택에 비해 가격이 저렴한 원/투룸, 월세, 전세 계약마저 급격하게 줄어들었다. 그 결과 부동산 거래 자체가 바닥을 기기 시작했고 금리 인상으로 인해 내가 가지고 있던 주식들마저 큰 폭으로 하락을 피하지 못하는 상황이 되어 버렸다. 일을 잘할 수는 있지만 사람들이 지갑을 열지 않는 상황이니 어쩔 수 없이 그냥 바라만 볼 수밖에 없었다. 그때 당시 내가 일하던 부동산 근처에 있던 다른 부동산들이 하나둘 문을 닫기 시작했다. 그리고 안 좋은 일은 한번에 온다고 하지 않았는가. 그때 당시 몸이 많이 안 좋았었다. 교통사고도 크게 나고 얼마 지나지 않아 코로나 확진도 되고 무엇보다 발목인대가 끊어져 수술을 해서 약 3개월이라는 시간 동안 누워만 있었다. 그렇게 2022년의 절반이 아무런 경험 없이 지나갔다. 6개월이라는 시간 동안 부동산으로 번 나의 수입은 0원이 되었고 책 뒷부분에 나올 이야기와 함께 안 좋은 상황들이 맞물리면서 금전적으로 스트레스가 많아졌던 시기였기에 스스로 부동산 일을 그만두게 되었다. 회사에 다니면서 쳇바퀴 속 다람쥐처럼 이런 인생을 살아야 하나 싶다가도 프리랜서 일을 직접 겪어 보니 이것도 참 쉽지가 않다는 생각이 들었다. 소비가 그렇게 과한 것도 아닌데 매일 불안해하며 많은 돈을 벌려고 할 필요가 있을까라는 생각이 들었었다. 부동산을 하면서 있었던 여러 가지 상황을 고려하여 사업보다는 직장인이 나에게 맞다는 생각이 들었다. 그래서 결국 전 회사의 경험을 살려 다른 제약 회사에 다시 입사하게 되었다. 어떻게 보면 다시 회사라는 감옥으로 들어온 상황이지만 회사 밖은 나에게 있어서 지옥이었다.

지금 다니는 제약 회사는 주식을 하는 사람이라면 누구나 알 만한 회사라고 생각한다. 코스닥에서도 매우 상위권에 있는 회사이다. 이 회사에 다니면서 느낀 게 있었다. 내 기준 좋은 회사의 기준은 같은 회사 그리고 같은 부서 사람들의 마음이라고 생각한다. 아무리 돈을 많이 주고 일이 편하다고 해도 사람이 좋지 않으면 쉬운 일도 어렵게 느껴지고 다니기 쉽지 않을 거라는 생각을 한다. 일하다가 그런 경우를 직접 접해 보기도 하고 많이 주위에서 듣기도 하였다. 그래서 그런지 지금 회사는 나에게 있어선 정말 좋다. 그래서 회사를 오래 다닐 생각을 하고는 있는데 주식은 해야겠고 취업을 하기 전까지만 해도 난 돈을 많이 벌기만 하면 최고인 줄 알았다. 돈이야 많이 벌면 좋지만 그게 들쑥날쑥한다면 썩 좋지도 않은 거 같다. 물론 개인적으로 내 기준이다. 부동산에서 일할 때만큼은 직장인 월급보다 많이 벌었지만 못 벌었을 때는 수입이 아예 0원인 적도 있었으니 천국과 지옥을 반복해서 왔다 갔다 했었다. 흰머리가 나는 게 아니라 이대로 가다간 금방 다 빠지겠다는 생각이 들었다. 그래서 '차라리 적당하고 꾸준하게 월급을 받고 수익을 높여서 삶의 질을 바꾸자.'라는 생각을 했다. 그래서 거기에 맞게 행동하기 위해서는 과거에 단타를 치며 소액을 버는 방법은 잘못된 방법이라는 생각이 들어 기존의 주식 스타일을 완전히 바꿔 놓아야겠다고 생각했다. 바뀐 주식 스타일의 이야기는 내가 샀던 종목 중 기억에 남는 종목을 몇 가지 소개한 후 이 책 마지막쯤에 이야기하겠다. 이제 주린이들이 공감할 만한 이야기도 썼고 간단하게 내 주식 이야기도 끝났으니 본격적으로 샀던 종목에 대해 글을 써 보겠다.

4장

같이 울며 웃으며 함께한 종목들

처음 주식하는 주린이라면 첫 종목은 역시

: 삼성전자(005930)

우리나라에서 주식에 투자하시는 분들 중 가장 많이 보유하고 있는 종목. 내가 주식을 하지 않아도 철수 엄마, 영희 엄마는 가지고 있다는 바로 그 종목. 한국에서 시가총액이 가장 큰 종목. 대한민국은 망할 수 있어도 이 회사는 안 망할 거 같다는 이야기를 많이 들어 보았을 것이다. 맞다. 바로 삼성전자이다. 누가 주식을 시작하려는데 뭘 사야 할지 모르겠다 하면 냅다 "뭘 살지 모르겠으면 삼성전자 사 보는 건 어때? 우리나라 1등이잖아."라는 말을 한 번 아니 여러 번 들어 보았을 것이다. 나 또한 그 얘기를 수도 없이 들었고 수도 없이 삼성전자를 외치고는 했다. 정말 좋은 회사는 분명하다. 한국을 넘어 이미 전 세계에도 영향력이 있는 그런 회사이니 말이다.

2020년 3월 10일 화요일. 이날은 내가 태어나서 처음 주식 매수를 한 날이다. 형과의 경제 이야기를 주고받으며 출근을 한 뒤 고민 끝에 결국 주식 계좌를 만들었다. 부끄러운 이야기지만 주식 계좌를 따로 만들어야 하는지도 모르고 그냥 속으로 '어떻게 주식을 사고파는 거야. 복잡한 거 같은데 지금이라도 하지 말까?'라는 생각만 하고 있었다. 출근하고 현장에서 일하는 상황이다 보니 쉬는 시간과 점심시간을 통해서 사무실로 나와 노력을 한 결과 다행히 주식 계좌를 만들 수 있었다. 그리고 2천만 원의 절반인 1천만 원을 은행 계좌에서 주식 계좌로 이체를 했다. 이체 버튼을 누르는데 손가락이 떨렸다. '대학 졸업하고 회사에 졸업한 뒤 피땀 흘려서 번 돈인데 이 귀한 돈을 날리면 어쩌지?'라는 마음이 앞섰고 돈을 벌기보다는 잃을 거 같다는 느낌이 더 강하게 들었다. 마치 친구와 주먹다짐을 하는데 어떻게 하면 덜 맞을지 생각하던 겁쟁이의 모습을 보여 줬던 거 같다. 처음 로그인하자마자 보인 실시간으로 움직이는 여러 종목들의 호가를 보았는데 수도 없이 움직이는 빨간색, 파란색이 마치 팔딱팔딱 뛰는 활어 같았다. 맞다. 무서워서 만지지를 못할 것만 같았다. 하지만 칼을 뽑았으니 조금이라도 매수해야 한다는 마음을 가지고 심호흡을 크게 한번 하고 조심스레 출근할 때 형이 알려 준 방법으로 매수 희망 가격에 가격을 지정하고 매수 버튼을 찾았지만 눌러야 하나 말아야 하나 최종적으로 고민에 빠졌었다. 빨간 버튼. 왠지 누르면 안 될 거 같지만. '그래도 이거 누르면 사지는 거라 했으니까 사보자.'라는 마음으로 54000원에 삼성전자를 매수하였다. 이게 내 인생 첫 주식 매수였다. 내가 삼성전자의 주주라니 진정한 어른이라도 된 마냥 어깨가 올라갔다. 신이 난 나는 점심시간에 부서에서 주식을 하신다는 분들께 "저 이제 삼성전자 주주예요!"라고 외쳤고 같은 부서 사람들의 축하를 받았으며 왜 굳이 주식에 들어왔냐는 질문을 받았었다. 그때 한 선배님께서 "얼마나 사셨어요?"라고 해서 "평균 가격은 54000원이에요! 천만 원어치 샀어요!"라고 말을 했더니 질문을 한 선배는 물론 거기 계시던 분들이 다 나를 보며 놀라셨다. 맞다. 이때는 총 매수할 금액을 나눠서 매수하는 분할매수의 개념도 모르고 그냥 있는 돈을 냅다 한꺼번에 현금매수 100%를 해 버린 것이었다. 선배님은 분할매수를 왜 안 했냐고 여쭤보았고 분할매수가 뭔지 몰랐던 나는 선배님께 분할매수가 뭔지 여쭤보았다. 그때 선배님의 표정은 '얘를 어쩌지. 쥐어 패야 하나.'라는 표정이었고 분할매수가 뭔지 모르는 나였지만 선배님의 표정이 좋지 않다고는 알았던 나는 주식을 추천해 준 형에게 이 사실을 알렸다. 형은 내가 주식을 처음에 되게 겁내길래 소액만 할 줄 알았다고 했는데 그런 신중한 모습을 보고는 당연히 분할매수를 할 줄 알았다고 말을 했다. 이렇게 브레이크

없이 매수할 줄 알았으면 분할매수를 말했을 거라고 했다. 그렇다. 내 첫 주식은 애초에 첫 단추부터 잘못 끼워져 버렸다.

그렇게 첫 단추가 잘못 껴져 버린 나는 하루아침에 1%의 상승과 하락으로 10만 원이라는 나의 일당과 비슷한 돈이 생겼다 없어졌다 하는 그런 남자가 돼 버렸다. 1%에 일당이 왔다 갔다 하는 남자가 돼 버린 것이다. 그래서 장이 마감하기 전에 한 틱 두 틱 주가가 100원씩 움직이는 것에 매우 민감하게 반응하였고 주식 계좌 어플의 새로고침만 액정이 깨질 듯 눌렀던 거 같다. 한곳만 주구장창 눌러 실시간 계좌 잔고를 보고 안도와 불안이 탁구공이 네트를 왔다 갔다 하듯 나의 마음 또한 가만히 있지를 못했다. 그리고 쉬는 시간이 끝나서 현장에서 일을 마무리하고 나왔다. 그때는 오후 3시 30분이 지나서 주식이 장을 마감한 시간이었다. 떨리는 마음으로 나와서 핸드폰으로 달려간 나는 주식 계좌의 새로고침 버튼을 눌렀고 내가 처음 주식을 매수한 삼성전자의 장 마감 가격은 54600원. 무려 약 1%나 올랐다. 그리고 버튼 한 번에 1천만 원을 매수한 내 주식 계좌에는 1010만 원이 조금 넘는 숫자가 찍혀있었다. 물론 장 마감 시간이 지나 매도는 하지 못했었다. 속으로 '이게 주식인가? 이제 나도 곧 부자가 되는 건가?'라는 생각과 이대로 가면 계약직이 끝나고 집에 누워서 주식만 해도 일당은 벌 수 있을 거라는 생각에 희망 회로를 돌리다가 어느덧 회사 퇴근 시간이 다가왔다.

그리고 퇴근을 한 뒤 주식을 알려 준 형에게 고맙다는 인사와 돈을 많이 벌어서 꼭 보답하겠다고 이야기했다. 그리고 설레는 마음으로 수요일 아침 9시를 기다리며 화요일의 밤은 그렇게 지나갔다.

하지만 모든 사람이 예상하듯 이 이야기는 결국 좋게 끝날 수 없음을 알 것이다. 2020년 3월이라면 주식에 투자하는 모든 사람이 기억할 만한 엄청난 일이 주식시장에 큰 하락을 맞게 해준다. 바로 전 세계를 파괴한 코로나19 바이러스의 확산이었다. 코로나19로 인해 한국뿐 아니라 전 세계 경제가 얼어붙었고 그 여파는 당연히 한국 주식시장까지 번지게 되었다. 내가 보유하고 있던 삼성전자는 물론 다른 주식은 정신을 차리지 못하고 주저앉고 말았다.

주식을 시작한 2020년 3월 10일 날의 코스피 마감은 1962였지만 코스피 저점을 찍은 3월 19일의 마감은 1457이었다. 코스피 4분의 1이 날아가는 순간은 그리 오래 걸리지 않았다. 거래일로는 7일 걸렸다. 중시 역사에도 기억될만한 급하락은 분명했다.

다시 본론으로 돌아와 3월 11일 수요일 아침 평소와는 다르게 설레는 마음으로 출근했다. 아무래도 전날에 올라 준 삼성전자 덕이 크다고 생각했다. 오늘도 오를 거라는 마음을 가지고 많이 오르면 좋겠다고 생각했다. 그렇게 나는 평소에는 오지 않았으면 했던 평일 오전 9시만을 기다렸다. 앞으로 다가올 미래도 모른 채 말이다. 그렇게 9시가 되고 한국 증시는 전체적으로 하락을 기록하였다. 현장에 들어가야 하므로 '뭐 이따 나와서 보면 올라가 있겠지. 시간도 아직 많이 남았는데.'라는 생각을 가지고 열심히 일하고 나왔다. 하지만 주식은 더 파란색이 되고 밀물은 없는 바다처럼 내 주식 계좌도 썰물만 지속되고 점점 원금에서 멀어지고 있었다. 다시 일하고 점심시간에도 주식 어플을 다시 보았지만 그대로 하락세를 보여 주고 있었다. 많은 변동성이 있지도 않고 한 틱 두 틱 정도만 움직일 뿐이었다. 전 재산의 반을 한번에 매수한 주린이기에 별 의미 없는 한 틱 움직임에도 기도를 드리며 영차 영차를 속으로 외쳤었다. 그렇게 주식 종가가 다가온 시간이 되고 다시 현장에서 사무실로 향한 다음 떨리는 마음으로 주식 계좌를 새로고침 했더니 어제 번 것들은 이미 다 마이너스로 돌아섰고 그때 주식 잔고는 970만 원이 조금 안 되는 상태였다. 계좌가 파래진 만큼 내 마음도 시퍼렇게 멍이 들었다. 하루아침에 피 같은 돈을 무려 30만 원을 손해를 봤다는 게 속상했다. 하지만 모두 아는 사실이겠지만 이 하루의 하락은 곧 있을 미래에 비하면 엄청난 고점이었다. 이날의 하락은 애교에 불과했다. 그다음 날도 그리고 그다음 날도 그렇게 주식을 시작하고 나서 한 주 동안은 온 세상이 파란 세상뿐이었다. 마치 내 눈에다가 파란색 고글을 씌

운 느낌이 들었다. 주식도 도박처럼 한 번에 급등하는 날이 오겠지라는 희망을 가지고 희망 회로만 돌렸고 그런 행복을 상상할수록 나만 지쳐갔다. 오를 줄 모르고 하락만 하던 증시는 그다음 주까지 이어졌다. 수요일에 계속되는 하락에 1000만 원에서 마이너스 130만 원이 되어서 870만 원 정도가 실시간 계좌에 남아 있었다. 점심시간에 너무 힘들어서 회사 분들에게 "저 저번 주에 산 삼성전자 마이너스 13%인데 어쩌죠? 죽겠어요." 라는 말을 했는데 옆에 계시던 선배님이 "삼성전자가 마이너스 13%면 다른 종목은 어떻겠어?"라는 말을 듣고 보여 주신 계좌는 이미 고점 대비 반토막에 가까운 손실이 난 상황이었다. 조용히 선배의 계좌를 본 나는 다시 식판으로 고개를 돌려 고개를 숙인 후 아무 말 없이 밥을 다시 먹었다. 그 당시에 주식을 하신 분들은 아시겠지만 그때 코스닥 종목들은 대부분 반토막이 났다. 더 심한 종목도 많았으며 이 모든 게 내가 주식을 사고 나서 단 거래일 5일 만에 일어난 일이다. 뉴스에서는 계속 안 좋은 뉴스만 나오고 이게 정말 맞나 싶었다. 평소에 뉴스에 관심은 없던 내가 경제에 관심을 가지며 뉴스를 보기 시작했던 시점이다. 환율이 어쩌고 팬데믹이 어쩌고 확진자가 어쩌고 잘 알지도 못하는 단어들이 가득한 뉴스만 보고 있었다. 그리고 증시에 너무 큰 폭의 상승과 하락을 방지하기 위해 증시가 일시적으로 멈추는 사이드카와 서킷브레이커가 걸리곤 했다. 물론 상승에 관한 것이 아닌 큰 하락으로 발생한 경우였다. 처음에는 내 주위에 계신 수많은 분들이 "한국 증시 망했다."라면서 겁을 많이들 먹곤 했다. 주식을 하면서 흔하게 볼 수 있는 것들은 아닌데 그런데도 큰 하락을 보여 줬으니 혼란스러울 수밖에 없었던 한국 증시였다. 하지만 처음에는 다들 망했다 했지만 몇 번 겪고 나니 아무런 미동도 있지 않았다. 역시 처음에만 겁나지 많이 반복되면 겁이 안 나는 건 나 또한 마찬가지였다. 그냥 이 또한 지나가리라 생각하는 부처가 되어 버렸다. 그리고 목요일 결국 코스피 지수는 내가 주식에 투자하는 기간 지금 포함해서 가장 저점인 1400대를 찍고야 말았다. 이때 삼성전자의 하락률은 20%였다. 월급에 가까운 금액이었다. 주식에 이리 치이고 저리 치여서 너무 힘이 들었다. 몸에 힘도 없고 일할 맛도 안 나고 입맛도 없고 강제 다이어트가 따로 없었다. 만약 다이어트를 하고 싶다면 주식을 하는 것을 추천한다. 힘이 너무 없었기에 주식에 입장을 시켜 준 형에게 너무 힘들어서 일을 못 할 거 같다며 이야기했고 형도 그런 내가 걱정되었는지 사이좋게 우리는 다음 날인 금요일에 연차를 쓰고 근처 산을 등산하기로 했다. 물론 이상한 생각을 한 건 아니었지만 수가 틀리면 굴러서 내려가자는 농담을 했었다. 형이랑 금요일 아침이 되어 집 앞에서 만나 산을 갔는데 9시가 되기 전에 도착했다. 그래서 산을 돌면서 주식시장을 한번 보자며 이야기하였고 그렇게 장이 시작했다. 금요일은 이제까지 빠진 증시의 마지막 발악이라도 하는 듯 크게 상승을 해 주었다. 오랜만의 상승을 본 우리는 산을 돌면서 앞은 안 보고 주식의 앞만 보고 있었다. 이럴 거면 산은 왜 갔는지 싶다. 그러다가 산 반 바퀴쯤 돌았던 부근에서 데이터가 터지지 않았다. 그 안 터진 몇 분이 마치 몇 년처럼 길게 느껴졌다. 우리는 발걸음을 더 빠르게 움직여 떨리는 마음으로 핸드폰이 터지는 곳으로 왔고 그제야 주식을 보며 안도를 할 수 있었다. 마치 중독자처럼 말이다. 어쩌면 중독자처럼이 아니라 중독자가 맞는 표현이겠다. 그리고 산에서 하산하여 점심을 먹으려고 식당에 갔다. 이왕 이렇게 된 거 없는 돈이라 생각을 하고 술이나 먹자고 이야기했다. 그때 먹었던 술이 내 인생에서 지금까지 가장 안 취하는 술이지 않나 싶다. 주식이 더 써서 그런가 보다. 그렇게 식당에서도 주식 창을 보면서 밥을 먹은 우리는 식사를 마치고 나와서 식당 앞에 있는 호수 벤치에 앉아서 수많은 생각에 잠겼었다. 둘 다 볼은 시뻘게져서 허공을 보며 웃기만 하고 정말 바보들 같았다. 그러다가 형이 "혹시 물 탈 생각은 없어?"라는 말을 하였고 나도 이대로 있을 순 없다는 마음에 물을 타야겠다고 결심했다. 아무래도 술의 힘을 빌린 거 같다. 그래서 계좌에서 돈을 전부 주식 계좌에 이체한 뒤 추가 매수를 해야겠다고 생각했다. 그래서 그때 당시 전 재산인 내 돈 2000만 원 모두 주식 계좌에 있었다. 추가 매수를 하긴 했는데 취해서인지 얼마를 했는지도 모르고 정신을 차리고 확인해 보니 그날만 샀던 금액이 약 700만 원이 되었고 마침내 평균 매수 단가는 50500원이 되었다. 형이 나보고 엄지를 들어주며 분할 매수를 너처럼 하는 사람은 처음 본다며 한편으론 대단한 엄지 척이었고 한편으론 한심하다는 엄지 척 같아 보였다. 지금 와서 생각해 보니 과감한 행동이긴 했다. 전 재산에서 약 15%만 남기고 전액 한 종목에 몰빵이라니. 지금은 상상도 할 수 없는 일이다. 우리는 알딸딸한 상태에서 떨어지는 한국증시를 보며 술이 깨면 더 슬플 거 같다는 생각이 들어 술이 깨기 전 또 술을 먹었고 그리고 또 이어서 저녁 시간마저도 술을 먹었다. 한참을 신나게 잔을 부딪칠 때 나는 형에게 "삼성전자 복구되면 다 팔고 그냥 저축이나 할래. 나 주식 못하겠어. 나랑 안 맞아. 이러다 머리 다 빠지겠어."라는 말을 남기며 나는 꼭 평균 매수 단가에는 매도해서 본전에는 나오겠다고 다짐 또 다짐했다. 지금 손해를 보고 나오면 많이 억울할 거 같았다. 그동안 심적으로 고생한 나에게 적어도 본전에는 나와야 한다고 생각했다. 이야기하면서 우린 남은 술을 잔에 기울였다. 그렇게 낮부터 먹은 술은 금요일 저녁을 지나 주말을 향해 달려갔다. 깨진 건 한국증시뿐만 아니라 다음 날 우리 머리도 같이 깨졌다. 그렇게 주식 장이 열리지 않는 주말 다음 주 주식 시장은 어떻게 될까 하는 생각에 불편하게 쉬었었다.

그리고 나서 그다음 주부터 며칠간 엄청난 상승과 하락이 반복됐다. 코스피 저점인 1400대에서 말도 안 되게 며칠 사이 1700대까지 회복했었다. 혹시 형과 내가 산에서 힘든 모습을 보고 하늘이 도와주시는 건가 생각했다. 하지만 그렇게 올라도 난 그때 당시 고점인 코스피 1900대에서 샀기 때문에 아직 내 평균 매수 단가에 오기에는 증시가 더 힘을 내야 하는 상황이었다.

그렇게 시간이 지나고 나에겐 나름 내 평균 매수 단가 밑에서 상승과 하락이 반복했기에 지루한 장이었었고 이대로 살면 안 될 거 같다는 생각이 들어 '돈 벌어서 뭐 하나 다 나 잘 살라고 하는 거지. 어차피 돈 안 써도 마이너스인데.'라는 마음으로 어쩌다 보니 급발진하게 되어 나에게 직접 선물을 해 줬다. 고가의 헤드셋인데 차가 없어 대중교통의 이용이 많은 나는 정말 만족하면서 잘 썼었다.

3월이 지나 어느덧 따뜻한 4월이 다가왔다. 이제 내 주식 계좌만 따뜻해지면 될 거 같았다. 그러던 어느 날 4월 중순쯤 형이 출근하는데 "잘하면 오늘 삼성전자 나올 수 있겠다?"라는 말을 하였고 처음에는 '무슨 근거로 저런 말을 하지?'라고 생각했다. "이유가 뭔데?"라는 말에 형이 예상가를 나에게 딱 하고 핸드폰으로 보여 줬다. 난 이제 막 태어난 주생아였기에 그런 게 있는 줄도 몰랐다. 내가 직접 보진 못했지만 예상가를 확인한 나의 눈은 아마 동공이 매우 확장이 되었을 것이다. 그 이유는 예상가가 평균 매수 단가에 가까웠기 때문이다. 형에게 예상가 설명을 간단하게 들은 나는 9시가 되길 기다렸다. 그날 코스피는 3월 말과 4월 초의 1700대와 1800대의 줄다리기 중 증시가 급등하며 단숨에 1900대를 돌파하였다. 그때 마침 장이 열리고 시간이 얼마 지나지 않아 나의 첫 주식인 삼성전자도 보유 평균 매수 단가에 도달하였다. 현장에 들어가야 하는 상황에서 평균 매수 단가에 오면 무조건 다 팔고 이제 주식에서 손 떼자고 생각한 나는 '이걸 팔아 말아?'를 머릿속에서 1분 사이에 약 2만 번은 고민했던 거 같다. 결국 난 팔지 못하고 현장에 들어갔다. 이게 주린이들이 많이 하는 실수이다. 본인의 하고자 하는 다짐 까먹어 버리기. 분명 본전 오면 다 팔고 적금 들려고 했는데 사람이 정말 간사하다. 이 글을 읽으시는 분들이 '뭐야. 매도도 못해?'라고 생각하면 당신은 아마 엄청난 소액으로 주식을 하거나 혹은 주식을 하지 않는 사람일 것이다. 요동치는 빨간색과 파란색을 보면 계획은 무슨. 심장이 마치 슈퍼카의 엔진처럼 으르렁댈 것이다. 계획은 하나도 기억이 나지 않고 오로지 손가락이 움직이는 대로 움직일 것이다. 나도 그로 인해 삼성전자를 팔지 않았고 그건 아직도 적응되지 않는다.

현장에서 일하고 오니 삼성전자 주가가 내 평균 매수 단가보다 많이 올랐었다. 그리고 현장에서 나온 주가는 내 평균 매수 단가보다 몇백 원 적은 상황이었다. 그래서 본전에 오면 팔자는 마음을 다시 한번 먹었다. 하지만 또 오를 땐 팔지 못하고 하다가 결국 또 반복됐다. 그러다 현장 들어가기 직전 나는 깔끔하게 내 평균 매수 단가에 진짜 정리하자고 생각을 했고 정확히 50500원에 내가 보유하고 있는 약 1700만 원의 삼성전자를 전량 매도를 했다.

하지만 주린이답게 매수매도 수수료는 계산하지 않았다. 그 결과 수수료로 인해 약 5만 원이라는 손실을 내고 말았다. 그리고 다시 현장에서 나왔을 때 삼성전자는 내 평균 매수 단가를 넘어 훨훨 날아가는 상황이었다. 버스가 목적지인 상승으로 가려고 하는데 내릴까 말까 고민하다가 출발 직전에 뛰어 내린 상황이 돼 버렸다. 순간 이게 맞나라는 생각이 들었고 수수료 5만 원 마이너스도 화나고 그래서 난 손을 대면 안 되는 단타의 늪에 빠지고 말았다. 그리고 그렇게 삼성전자에 뿔이 난 나는 주식을 그만두기는커녕 바로 그 자리에서 어떤 한 종목을 매수하게 된다.

이렇게 내 인생 첫 주식 종목에 대한 이야기를 써 보았다. 우여곡절 주식을 시작하기도 했고 지금 생각해 보면 내 인생에서 정말 잊지 못할 그런 뜻깊었던 시간이 아니었나 싶다. 그리고 내가 보는 과거의 나는 정말 귀여웠던 거 같다. 마치 지금 나에게 주식을 처음 시작하려고 물어보는 친구들이 아마 그때의 나와 같은 마음으로 주식을 시작하지 않을까라는 생각이 든다. 당연히 자연스레 흘러가는 증시 시장인데 별거 아닌 거에 너무 힘들어하지 않았나 싶다. 첫 투자가 정신 건강에 좋지는 않았으나 한국 증시의 단기적인 큰 하락률을 보여 준 덕에 주식이 정말 어려운 거라고 알려 주는 고마운 시간이었던 거 같다.

주식 정말 쉽지 않다. 그때의 경험이 있었기에 코스피가 고점을 향해 달려가던 2021년 상반기에도 크게 동요되지 않았었다.

아. 삼성전자 또 안 샀냐고? 물론 또 샀다. 위에서 언급했지만 2020년 10월 LG화학 계약직이 끝나고 작은아빠 집과 여자친구 집에 왔다 갔다 했을 때의 매수였다. 사실 그때의 삼성전자의 매수는 직접적인 매수는 아니었고 그렇다고 또 아예 간접적인 매수는 아니었다.

다들 아시겠지만 2021년 초에는 눈 감고 아무 종목을 사도 주식이 오를 때였다. 이때는 내가 산 종목이 수익이다 마이너스다가 아니라 그냥 다 얼마나 벌었다라는 이야기만 했을 정도로 그냥 사면 돈을 버는 강세였다. 그래서 우리나라 주식 시장에 큰 열풍을 불었고 신규계좌도 역사적으로 많이 생겼을 때였다. 물론 그때 내 여자친구도 증권 계좌를 처음 만들었다.

2020년도부터 2021년도 상반기까지 주식도 강세였지만 코로나도 마찬가지로 강세였다. 그래서 많은 회사가 근무환경을 고려하여 재택근무를 시행했었다. 다시 삼성전자를 매수했을 때도 그때 언저리였다. 정확히는 2020년도 12월이었다. 여자친구는 집에서 재택근무를 하고 난 계약직이 끝난 백수였기에 여자친구는 옆에서 근무하고 나는 누워서 일하는 여자친구에게 방해가 되지 않도록 조용히 단타를 치곤 했었다. 그때 여자친구가 "오빠. 우리 회사 사람들이 주식이랑 코인으로 돈 많이 벌었대. 나 빼고 다 하고 있어."라는 말을 했고 나는 여자친구에게 본인도 충분히 할 수 있는데 왜 안 하냐는 말을 하였고 2020년도 3월에 나에게 주식을 알려 준 형처럼 여자친구에게 간단한 주식 용어와 원리를 설명해 주었다. 여자친구에게 주식을 알려 줄 때 이렇게 내려오는 주식교육은 선순환인지 악순환인지 모르겠다고 생각했고 그래도 우선 알려 주어야겠다고 생각했다. 그렇게 여자친구 계좌가 만들어졌고 그날 여자친구가 매수한 것은 삼성전자 1주였다. 얼마를 살지 고민하던 여자친구를 보고 이렇게 지속되면 매수를 못 할 게 뻔하다고 판단한 나는 우선 1주라도 사 보라고 권유했다. 그렇게 매수하게 된 삼성전자 1주이다. 그때 평균 매수 단가는 79000원대였다. 비록 1주지만 주식을 직접 매수하는 여자친구를 보고 내심 뿌듯했다. '이제 여자친구도 주식이라는 지옥으로 들어왔구나.'라는 생각에 좀 걱정도 되기는 했다. 그렇게 1주를 사고 시간이 흘렀을까 2021년 1월에 여자친구가 재택근무하는 주가 돌아왔고 나는 다시 여자친구네 집에 놀러 갔다. 코스피가 박스권을 유지하기는커녕 멈출 줄 모르고 말도 안 되게 올라가고 있었다. 오랜만에 여자친구는 주식 계좌를 확인하였고 여자친구가 매수했던 삼성전자의 1주는 약 20%가 넘는 수익률을 보고 있었다. 맞다. 그날이 삼성전자가 고점을 찍은 그날이었다. 여자친구는 "오빠, 삼성전자 지금이라도 더 살까?"라는 말을 했고 다들 10만 전자를 예상했기에 나도 좋다고 이야기했고 같이 돈을 열심히 모으던 커플 통장에서 100만 원을 꺼내 추가 매수하였다. 그때 매수했을 때 삼성전자의 1주당 가격은 96600원이었다. 아마 내 생각엔 고점이 96800원이니 여자친구의 그때 평균 매수 단가는 대한민국 고점 TOP3 안에는 들 거라고 생각은 했다. 한 편으로 다행인 건 10주밖에 없다는 것이지만 그건 어디까지나 자기합리화에 불과했다. 그리고 많은 사람들이 알겠지만 그 후로 삼성전자는 숨도 안 쉬고 비행기가 착륙이라도 하듯이 우하향을 기록했다. 글을 쓰는 2023년 1월도 6만 원 초반을 유지하고 있다. 2022년도에도 많이 빠졌다는 생각에 우리는 7만 원 중후반부터 추가 매수를 했고 지금은 결국 평균 매수 단가 85000대에 총 400만 원의 액수가 들어가 있다. 여기서 나머지 300만 원도 우리 커플 통장에서 사게 되었다. 직접적인 매수도 아니고 그렇다고 간접적인 매수도 아니고 그렇게 내 인생 첫 종목인 삼성전자는 아직도 현재 진행 중이다. 언젠간 빛을 보는 날이 올 거라고 믿는다. 이유는 단순하다. 삼성전자이니까.

10만 전자 가즈앙.

대한민국의 모든 삼성전자 주주를 응원합니다.

단타의 맛

: 한진칼(180640)

가까스로 삼성전자를 본전에서 탈출한 아니 5만 원 손해를 보고 탈출한 나는 너무 화가 난 상태로 흥분하고 있었다. 그 이유는 첫째, 기다리고 기다리던 본전에 나왔는데 원금에 마이너스를 기록했다는 것. 둘째, 내가 나오자마자 바로 더 올랐다는 것. 좋은 뜻의 흥분은 절대 아니었다. 어디서 날 보고 있는 게 분명하다. 누가 CCTV로 보고 있는 거처럼 뭔가 내가 불리한 게임을 하는 거 같았다. 마치 누군가 내가 팔기만을 기다리는 거 같다는 생각이 들었다. 점심시간 흥분을 가라앉히지 못한 나는 주식을 그만두겠다는 각오를 여전히 가지고 있었다. 모두의 축제 속에서 유유히 사라지고 싶은 마음뿐이었다. 주식 계좌에 있는 2000만 원을 꺼내려고 했는데 매도를 하고 바로 이체가 가능한 것이 아니라 영업일 2일 뒤에야 돈을 뺄 수 있다는 것을 그때 깨달았다. 뭐 매도를 그때 처음 해 봤으니 그럴 수 있다고 생각한다. 주식을 매수하지 않은 300만 원은 바로 뺄 수 있었지만 남은 1700만 원 뺄 때 같이 빼야겠다고 생각하며 약 2000만 원을 그대로 주식 계좌에 두기로 했다.

일을 열심히 하고 점심시간이었다. 이게 한두 달 주식 어플을 키는 습관 때문인지 핸드폰을 꺼내서 무의식적으로 주식 어플을 켰다. 난 보면 안 될 걸 보고 말았다. 내가 아침에 손절 아닌 손절매를 하고 나온 삼성전자의 주가가 오전보다 더 올라가 있던 것이다. 만약 그때 매도를 했으면 나름 짭짤한 용돈 정도의 수익이 났던 상황이었다. 거기에서 난 엄청난 배신감을 느꼈다. 내가 얼마나 사랑했던 삼성인데 나를 배신해 이런 시련을 주다니. 매수하고도 그리고 매도하고도 삼성전자에게는 늘 구질구질한 나였다. 그리고 스스로에게도 화가 많이 나 있었다. 왜 별거 아닌 거에 그렇게 힘들어했는지 말이다. 스스로가 정말 답답했었다.

내가 쓰는 주식 어플은 홈에 실시간 인기 종목이 1위부터 5위까지 순위별로 올라온다. 순위에 올라온다는 것은 삼성전자와 같이 많은 사람이 가지고 있어 검색을 많이 한다거나 혹은 당일 급등과 급락을 해서 많은 사람들이 검색을 했다는 의미이기도 했다. 그렇게 아무 생각 없이 보다가 내 눈에 들어온 종목이 있었다. 나를 유혹하듯 아름다운 급등을 보여 주며 꺼져가는 나의 주식 욕구를 다시 한번 활활 불태우게 하고 있었다. 그 종목은 바로 '한진칼'이었다. 내 눈에 들어온 이유는 딱 하나였다. 급등이 엄청 심했기 때문이다. 장이 시작하고 대략 3시간 지난 점심시간에도 엄청난 거래량과 엄청난 상승을 보여 주고 있었다. 내가 보고 있을 때는 20% 넘는 상승을 보여 주다가 10%대의 상승을 유지하고 있었다. 많은 거래가 반복이 되면서 엄청 빠르게 움직이는 매수 창은 나의 심장을 요동치게 하였고 그렇게 나는 머리가 아닌 마음이 시키는 매수를 하게 되었다. 사람이 흥분하게 되면 생각했던 계획도 눈에 들어오지 않고 그냥 에라 모르겠다가 되어 버리는데 나도 마찬가지였다. 마음속으로는 '삼성전자의 배신, 내가 어떻게든 복구한다! 이왕 이렇게 된 거 헤드셋 가격인 50만 원만 벌고 나오자.'라는 생각을 가지고 있었다. 그때 맥박지수와 혈압지수 그리고 심장박동마저 아마 내 인생 가장 높은 경험을 했을 것이다. 그때 삼성전자를 매도한 직후여서 주식 계좌에서 은행 계좌로 이체가 되지 않았던 나는 현금 가능에 버튼을 누르고 한진칼을 전액 매수를 했다. 그렇다. 내 전 재산인 2000만 원이 한진칼에 탑승했다. 매수의 평균 매수 단가는 96300원. 이미 당일 기준 15% 정도 오른 후였다. 다시 생각해 봐도 미친 짓은 틀림없었다. 본인의 전 재산을 그렇게 급등주에 탄다는 것은 어떻게 보면 본인의 전 재산을 걸고 확률이 반반인 홀짝 게임을 하는 거랑 비슷하다고 생각한다. 아니지. 주식은 오르고 내리는 사이에 인간의 심리가 작용하는 홀짝보다 성공확률이 훨씬 낮을 것이다. 하지만 난 한진칼의 주식이 곧 이륙할 거라 생각했다.

본인의 전 재산을 급등주에 넣었는데 과연 아무렇지 않은 사람이 있을까? 난 삼성전자 때의 매수는 귀여웠을 정도로 핸드폰을 더욱 자주 보고 새로고침은 물론 액정이 안 깨진 게 정말 다행일 정도였다. 좀 부끄러운 이야기지만 일하다가 배가 아프다고 거짓말하고 화장실에서 한진칼의 주식을 보고 오곤 했었다. 정말 창피한 일이기도 하다. 이 이야기를 하면서 단타는 본인의 업무에도 악영향을 가져온다는 것을 아셨으면 좋을 거 같다. 그러니 단타는 없어도 되는 소액으로 하길 바란다. 근데 없어도 되는 소액은 없다. 즉 단타를 하지 말라는 것이다. 이 책에 쓰인 내가 사 봤던 종목들은 단타가 대부분이지만 현재 나는 단타를 하지 않는다. 그 이야기는 이따 좀 더 자세히 해 보겠다.

다시 본론으로 돌아와서 급등락을 반복하는데 5%만 빠져도 100만 원이어서 심장이 쿵쾅 쿵쾅거렸다. 이게 맞나 싶을 정도로 내 인생 최고의 집중력을 보였던 거 같다. 종목이 하루에 크게 급등이나 급락하면 진정을 주기 위해 주식이 잠시 멈추는 상승 VI도 발동하여 나의 심장을 더 빨리 뛰게 하였고 그때 당시에는 52주 신고가라는 기사와 주가 10만 원 코앞이라는 기사가 쏟아져 나올 때였다. 오른 이유로는 여당이 총선에서 승리한 영향으로 풀이가 된다는 기사랑 경영권 분쟁에 재점화가 되어 그 기대감으로 인한 상승으로 보인다고 했다. 하지만 나에게 지금 그런 건 필요 없다. 왜냐면 그게 뭐가 중요한들. 이미 주식은 샀고 그런 기사보다는 거래량과 매수세를 보며 눈치 게임을 했다. 확실히 첫 종목인 삼성전자에 비해 거래량이 한번에 쏠리다 보니 매우 빠르게 호가창이 움직였다. 확실한 건 눈으로 움직이는 거보다는 빨랐다. 그렇게 떨리는 마음으로 다시 현장에 들어 갔는데 도저히 일이 손에 잡히지 않았다. 그래도 받아드리자며 현장에서 열심히 일 한 뒤 쉬는 시간이 되자 현장을 뛰쳐나갔고 주식은 마침내 10만 원을 돌파해 크게 상승하였다. 오히려 현 장에 있었기에 더 득이 된 거 같았다. 만약 주식을 계속 보고 있 었다면 더 낮은 주가에 분명 매도했을 것이다. '이걸 팔아 말아.' 라는 마음이 또 스멀스멀 기어 나오기 시작하였고 그날 종가는 109500원으로 전날 종가인 85500원보다 약 29% 상승하여 마감 하였다. 그래서 난 언제 매도했냐고? 96300원에 내 전 재산인 2000만 원을 넣은 나는 106000원에 전량 매도를 했다. 더 가지 고 갈까 하다가 현장에 또 들어가야 하고 도저히 매수한 상태에 서는 못 버틸 거 같아 매도를 결정하였다. 이때의 수익률은 약 10% 정도 되었다. 200만 원에 가까운 수익이었다. 이때 수익을 냈을 당시 정말 느낌이 이상했다. 구름 위를 걷는다는 게 있다 면 이런 걸까 싶을 정도로 마음이 싱숭생숭했다. 2000만 원이 라는 돈이 찍힌 증권계좌가 몇 시간 만에 2200만 원이 되었다 니. 삼성전자에서 고생한 마음을 보답해 주는 그런 종목 같았 다. 처음엔 헤드셋을 산 금액만 벌려고 했는데 어쩌다 보니 헤 드셋 몇 개는 더 살 수 있는 큰 수익이 났다.

그렇게 금요일 장이 마감되고 회사 퇴근도 하고 토요일인 내 일 특별한 약속도 없겠다 그리고 주식으로 돈도 벌었겠다. 세상

가장 완벽한 금요일이 되지 않을 수 없었다. 신난 마음으로 주식을 알려 준 형에게 술이나 한잔하자고 했다. 이때 내가 형네집에 갔을 때 영화 '관상'에서 역대 영화 등장신으로 뽑히는 이정재 배우님으로 빙의해 형네 집에 들어갔다. 형과 술잔을 부딪치며 그동안 맘고생 많았다며 축하한다고 축하를 해 주었고 나는 모든 세상의 만물이 나를 중심으로 돌아간다고 생각했었다. 속으로 '주식별 거 없구나.'라는 생각까지 들었었다. 주식을 하는 사람이 가장 해서는 안 될 생각인데 그때는 술에 취해 있는게 아니라 나에게 취해서 정신을 못 차리고 있었다. 그때 술을 먹으면서 본 영화도 주린이답게 영화 〈작전〉이었다. 혹시 안보신 분 있으면 꼭 보시길 바란다. 급등주나 테마주로 단타 치는 분들은 꼭 봐야 하는 영화다. 단타로 개미는 돈을 쉽게 벌 수없다는 걸 알려 주는 좋은 영화이다. 삼성전자로 인해 산에서 마셨던 술은 그렇게 썼다면 수익을 내고 먹은 술은 그만큼 달게느껴졌다. 나는 결국 주식 첫 단타의 맛을 너무 달게 느껴버렸다. 그래도 주식은 빼는 게 맞다는 생각이 들어 영업일 기준 2일이 지나면 빼려고 했다.

많은 단타 주린이들이 많이 하는 실수 중 하나가 익절매를 했던 손절매를 했던 그 종목이 잊혀지지 않아 미련을 두고 또 매수하는 것이다. 나 또한 주린이답게 그 실수를 해 버리고 만다. 헤어진 연인에게 등 돌렸다가 바짓가랑이라도 잡는 심정으로 밤에 "자니?"라고 연락을 보낸 거랑 비슷한 셈이다. 즉, 잘 될 확률은커녕 전보다 사이가 안 좋아진다는 이야기이다. 종목과 사랑에 빠지면 재무제표도 안 보고 그냥 수익을 주었다는 좋았던 기억에 방아쇠를 당기면 쏘아질 총알처럼 앞만 보고 매수를 해버린다. 그래서 나도 주말을 잘 보내고 월요일 장이 열리고 얼마 지나지 않아 재매수를 했다.

그 결과는 난 어떻게 되었을까? 결론부터 말하자면 한진칼 손절매했다. 한진칼은 월요일에 무려 26%가 마이너스 되었기 때문이다. 금요일에 한진칼이 이륙했다면 월요일의 한진칼은 착륙을 넘어서 지하동굴을 판 다음 들어가고 있었다. 2000만 원의 마이너스 26%면 약 500만 원 정도 되는 돈인데 듣기만 해도 아찔하지만 삼성전자 때 선배님과 형에게 분할매수를 배웠고 그 결과 첫 매수 때 500만 원 정도만 들어갔다. 그리고 나머지 1500만 원으로 물타기를 하려다가 고민의 고민을 거듭하다가 주린이의 직감으로 이거 뭔가 더 떨어질 거 같다는 생각이 들어 그냥 손해를 보고 매도했다. 약 8%의 40만 원 손절을 한 나는 한진칼의 최종 수익은 160만 원이 되었다. 금요일에 다행히 수익을 내서 그렇지 만약 월요일에 전 재산인 2000만 원을 몰빵 투자 했으면 아마 난 울어 버렸을 수도 있다. 울기만 했을까.

결과론적인 이야기지만 2023년 1월 현재 한진칼의 주가는 4만 원 초반을 유지하고 있다. 재매수했을 당시 평균 매수 단가가 9만 원 중반이었기에 아마 지금까지 가지고 있었다면 마이너스 50%는 넘었을 거다. 만약 내가 500만 원만 넣어서 다행이지. 지금까지 가지고 있었다면 250만 원 정도 될 텐데 지금은 젊기에 그리고 그리 큰 액수는 아니기에 인생을 살아가는 데 큰 영향은 없을 거라고 생각한다. 주식도 잘 모르는데 남이 추천해 주거나 리딩방을 통해 또는 급등한다고 단순히 가지고 있는 돈에서 큰 비중을 매수했을 시 정말 전 재산이 뜨거운 여름 아스팔트 위 아이스크림처럼 순식간에 녹아 버렸을 수도 있다. 정말 무서운 거라고 생각한다.

이렇게 삼성전자에 이은 나의 첫 단타 매매의 이야기가 막을 내렸다. 앞으로 있을 이야기에 비하면 그리 매운맛은 아니지만 그때 당시 26살 사회초년생의 전 재산으로 단타를 쳤던 나였기에 상황만 놓고 보면 충분히 매운맛이었다. 만약 단타를 치더라도 꼭 없어도 되는 돈으로 하거나 정말 소액으로 하는 걸 추천한다. 크게 요동쳐도 일상에 지장이 없는 금액으로만. 그때 당시 전 재산을 투자한 나의 멘탈은 한 조각의 쿠키와 비슷했다. 쉽게 부서지는 것이 일상이었다. 일이 손에 잡히지 않는다는 것이 뭔지 정말 깨달을 수 있다. 다이어트를 하고 싶다면 단타를 추천한다.

코로나 이후 연 영업이익 흑자 전환. 다시 이륙해 보자. 한진칼.

아침 9시부터 오후 3시 30분까지 누워서 핸드폰만 보기

: SK케미칼(285130)

2020년 4월 한진칼에 사랑받은 나는 영업일이 지나고서 모든 금액을 주식 계좌로 옮겼다. 2160만 원 정도 됐는데 그 전에 헤드셋 사고 주식 알려 준 형에게 술사고 하다 보니 약 100만 원 정도 남았던 거 같다. 그렇게 나는 주식시장을 떠났다. 아니 그때 떠났어야 했다.

평범한 2020년 5월 14일 목요일. 이날은 나와 7살 차이 나는 사촌 동생을 만나기로 했다. 다음 날인 금요일이 사촌 동생은 고등학교 개교기념일이었고 나는 회사 노조창립기념일로 인해 회사에 가지 않았다. 그래서 사촌 동생과 나는 만나서 뭐 하지 하다가 대학교 때 친하게 지내던 친구 한 명과 후배 총 넷이서 세차를 하러 가기로 했다. 비록 나와 사촌 동생은 차는 없었지만 둘 다 차를 좋아하기 때문에 그때 나온 지 얼마 안 된 기아의 K5와 모닝을 세차했다. 사촌 동생이 세차에 진심인 게 그때 당시 미성년자여서 차는 없었지만 세차 용품은 엄청 많았다. 그래서 신이 난 동생은 세차를 광택도 내야 한다며 내 친구 차를 새벽 2시까지 세차하였다. 친구가 고맙다며 사촌 동생네 집에 데려다줬고 난 회사계약이 끝나면 뭐 해 먹고살지의 고민과 사촌 동생의 미래에 대해 이야기하다 새벽 4시에 잠이 들었다.

하지만 이미 직장 생활을 1년 넘게 한 나는 새벽 4시에 잤음에도 불구하고 아침 8시에 눈이 떠지는 웃을 수도 울 수도 없는 기적을 보여 줬다. 동생은 잠을 자고 나는 심심했던 나머지 끊으려고 했던 판도라의 상자를 다시 열어 보았다.

이미 주식 중독이 되었지만 아닌 척하고 지냈던 나는 다시 주식 어플을 깔았고 실시간검색순위를 보고 있었다. 총알은 아직 준비해 놓지 않았으나 오랜만에 장 시작도 보면서 나도 모르게 설레는 무언가가 있었던 거 같다. 마침 9시가 되고 장이 열려서 평일 한 주의 마지막인 금요일 광란의 레이스가 또 시작되었다. 주식과 오랜만에 데이트할 생각에 설레 있는 나에게 장 시작과 동시에 눈이 마주친 종목이 있었다. 바로 SK케미칼(285130)이었다.

이때 SK케미칼이 상승했던 이유는 코로나가 절정으로 가는 시기에 SK케미칼에 있는 항응고제와 급성췌장염치료제 성분으로 알려진 '나파모스타'라는 약이 있었는데 한국 파스퇴르 연구소에 따르면 세포 배양실 실험을 통해 분석한 약 3000여 종의 약물 가운데 코로나바이러스에 가장 강력한 항바이러스 효능을 보였다고 한다. 미국에서 긴급 사용 승인된 렘데시비르보다 효능이 더 좋게 나왔다는 이야기가 퍼졌었다. 아무래도 이런 호재가 그날의 SK케미칼 주식을 이끌었던 거 같다. 호재까지 확인한 나는 혼자 상상했다. '이거 이러다 잘 되면 진짜 전 세계적으로 환장하겠는데? 지금 가격은 아무것도 아니겠는걸?'이라는 마음을 가지고 그렇게 은행 계좌에서 다시 주식 계좌로 돈을 옮기는 작업을 했다. 그렇게 돈을 이체한 나는 어디서 본 건있는지 수익이었던 160만 원은 은행 계좌에 내버려 두고 나머지 2000만 원만으로 해 봐야겠다고 생각했다. 나름 전략(?)이었다. 그래야 1%에 20만 원이라는 단순 계산도 나왔고 한진칼로이뤄낸 수익은 놔둬야겠다는 생각이 컸다.

그렇게 장이 시작되고 시간이 얼마 지나지 않아 24% 급등하게 되었다. 역시 코로나 관련 바이오주는 못 참지. 상한가를 갈거 같다는 생각이 들어 바로 매수를 해서 6%의 수익이라도 낼까 생각은 했으나 개인적인 생각으로 한 번은 내려오고 나서 상한가로 말아 올리지 않을까 생각했기에 나는 과감하게 조금 떨어진 102500원에 2000만 원을 전액 매수하였다. 오랜만에 매수버튼을 눌러서 그런지 그때의 심장은 쿵쾅쿵쾅 뛰기 시작했다.

오전 9시부터 주식을 보고 있던 나는 사촌 동생네 집에서 자는 동생도 깨기를 기다리고 케미칼의 떡상도 기다리면서 반신욕을 하기로 했다. 반신욕을 하면서도 노래를 틀어 놓고 핸드폰에서 눈을 떼지를 않았다. 주식이 살짝 빠지긴 했어도 오를 거라는 믿음으로 계속 노려보고 있었다. 거래량은 괜찮았기에 금방 올라가겠지라는 생각을 했다. 반신욕도 끝내고 침대에 누워서 텔레비전을 튼 다음 그 상태에서 밥을 한 끼도 먹지 않고 장이 마감되는 순간까지 핸드폰만 보고 있었다. 텔레비전을 튼 이유는 정적보다는 좋을 거 같다는 생각에 과거에 봤던 영화들을 틀어 놓고 소리에만 집중을 한 채 주식에 집중하였다.

그렇게 쉬는 날인데도 불구하고 회사에서보다 더 집중을 했던 나의 금요일 주식이 장을 마감하게 되었다. 그래서 그날의 SK케미칼 종가가 얼마냐고? 놀랍게도 고점에서 하산하다 결국 전날 종가 기준 약 3%밖에 오르지 않은 97500원에 장을 마감하였다. 평균 매수 단가가 102500원이었던 나는 마이너스 5%로 인해 팔지는 않았으나 100만 원 손해를 보는 상황이었다. 이날의 나는 너무 허탈했다. 머릿속에 수많은 생각이 지나쳤다. '만약 오늘 출근을 했다면 이런 일이 안 벌어지지 않았을까?', '만약 전날 세차 때문에 피곤해서 사촌 동생처럼 장 중에 안 깨고 장 끝나고 일어났으면 이런 일이 과연 벌어졌을까?' 등 세상이 너무 원망스러웠다. 수많은 일들이 있는 사이에 아무것도 모른 채 깊은 잠을 자던 동생이 일어나고 나의 몰골도 말이 아니었다. 그럴 법도 한 게 7시간 동안 누워서 핸드폰만 봤으니 그게 어디 정상적인 사람인가. 7시간 보면서 100만 원을 날렸는데. 그래서 동생에게 형 오늘 컨디션이 너무 안 좋아서 집에 가 봐야 할 거 같다며 본집으로 향했다. 수많은 생각에 잠겨 한 시간 정도 걷기로 하였다. 그렇게 삼성전자 주식 물렸을 때 산 헤드셋을 끼고 길을 걸었다. '왜 안 하다가 또 했을까? 이게 도박인 건가? 진짜 중독인가.'라는 수많은 생각을 하며 집을 걸어갔다. 집 도착까지 반쯤 갔을까. 하늘은 내 맘도 모른 채 이슬비가 내리고 내 모습은 더 초라해져만 갔다. 그렇게 집에 도착한 나는 엄마가 반겨 주었지만 힘이 날 수가 없는 상황이었다. 엄마가 무슨 일 있냐고 물어봤지만 차마 말은 하지 못하고 그냥 몸이 안 좋다며 젖은 옷을 벗고 샤워를 한 뒤 내 방으로 향했다. 엄마가 치킨 시켜 먹자고 했는데 입맛이 없다며 그것마저 거절을 해 버렸다. 치킨을 거절하다니. 나의 심정을 한 문장으로 잘 압축해서 표현해 주는 거 같은 문장이다. 이불에 들어가서 천장을 바라보며 이게 뭔가 싶은 생각을 하다가 그렇게 아무것도 하지 않고 손가락 한 번에 100만 원을 날리게 된 금요일이 지나갔다.

다음 날 토요일은 여자친구와 데이트가 있었다. 금요일에 악몽 같던 일 때문인지 토요일마저도 몸이 좋지 않았다. 내 몸의 신진대사가 정상적으로 되지 않음을 깨달았다. 먹는 음식마다 체하고 내 몸이 내 몸이 아니었다. 여자친구가 걱정을 해 주었고 주식은 나랑 안 맞는 거 같다며 그만하는 게 좋을 거 같다고 이야기하였다. 내 생각도 같았다. 이대로 가다간 돈을 많이 버는 건커녕 얼마 못 살 거 같다는 생각이 들었다. 여자친구와 낮에 데이드하고 저녁에는 대학 동생들과 약속이 있어 만나러 가야 했기 때문에 저녁이 되어 여자친구와 인사를 하고 난 대학 동생들이 있는 오송호수공원으로 발을 향했다. 5월이라 저녁엔

제법 날씨가 좋았다. 그래서 대학 동생들이 텐트를 치고 치맥을 먹고 있었다. 만나기로 한 동생들은 이미 모인 상황이었다. 좀 늦은 나를 본 동생은 "오빠, 살이 왜 이렇게 빠졌어?"라는 이야기를 했고 그 말을 들은 나는 나도 모르게 울컥하여 금요일에 있었던 일을 하나씩 이야기했다. 정말 마음 같아선 술을 벌컥벌컥 마시고 집에 가서 푹 자고 싶었지만 몸이 너무 좋지 않았기에 술과 맛있는 음식 또한 아무것도 먹을 수가 없었다. 동생들의 피드백은 단순했다. 주식을 팔고 다음부터 주식을 하지 말자는 것이었다. 내 생각도 마찬가지였다. 그렇지만 파는 것도 파는 거지만 언제 팔면 좋을까 생각하다가 나에게 주식을 알려 준 회사형에게 SOS 구조 요청을 남겼다.

"형, 케미칼 어떻게 하는 게 좋을까?" "음… 계속 주식 할 거면 좀 지켜보고 아니면 그냥 월요일 장 시작되면 다 팔아." 이런 대화가 오고 갔고 금요일은 물론 주말 동안 고생한 나였기에 손절매를 하더라도 전량 매도를 하고 주식을 떠나는 게 맞다는 생각이 들었다. 그렇게 세상에서 가장 우울하고 가장 긴 일요일을 보내고 월요일 아침이 왔다. 수익이 나서 매도를 하는 게 아니라 더 손실이 나기 전에 매도하는 상황이라 썩 좋지는 않았다. 하지만 손절을 떠나 그거보다 나의 건강을 챙기는 게 우선이었다. 출근하고 예상가를 확인했는데 역시나 좋지 않았다. 금요일 종가보다 더 낮은 주가이기도 하고 그래서 그때 장 시작하면 다 던지고 깨끗이 잊자는 마음을 굳게 먹었다. 그렇게 떨리는 월요일 9시가 되고 SK케미칼은 정신을 못 차리고 장 시작과 함께 하락하게 되었다. 그래서 살짝 반등했을 때 마지막 기회라고 판단한 나는 전량 매도를 하였고 전량 매도한 가격은 94800원이었다. 금요일 종가보다 1주당 2700원이 빠진 상황이었다. 나와 뜨겁게 사랑하고 나를 차갑게 배신한 SK케미칼의 최종 손절은 약 160만 원이었다. 160. 나랑 인연이 있나. 첫 단타로 재미를 본 한진칼과 그다음 단타였던 SK케미칼의 손해가 마치 데칼코마니처럼 같은 모습을 보여 주고 있었다. 그래서 내 주식은 그렇게 본전이 되어 버리고 말았다. 다행인 건은 우선 비록 손절은 했지만 전에 번 금액과 비슷하여 전 재산 손실은 차이가 없었다는 점과 내가 매도한 시점부터 금방 주식이 더 빠졌다는 것이다. 그래서 다시 주식 계좌에 있는 돈을 은행 계좌로 옮기기 전까지 어플을 지우고 열심히 일했다. 주식을 머리에서 비우니 월요일 날 금요일과 주말에 힘들었던 컨디션이 돌아오고 밥맛도 돌아왔다. 역시 사람은 저축이 최고라는 마음을 가진 채 말이다.

열심히 일하고 나서 시계를 보니 어느덧 오후 4시가 지나 있었다. 그래서 하락하던 SK케미칼의 종가가 궁금했던 나는 결국 열어 보면 안 되는 판도라의 상자를 다시 열어 버렸다. 주식 어플을 다시 깐 건 아니었고 인터넷에 회사 검색을 하면 주식정

보는 나오니 인터넷의 힘을 빌렸다. SK케미칼의 종가를 본 나는 당황을 했다. 하락하던 SK케미칼은 끝내 반등하더니 오후에는 플러스로 전환이 되어 금요일 종가 기준 약 5% 오른 103000원에 장을 마감하였다. …? 나의 평균 매수 단가가 102500원이었는데. 이거 맞나. 그냥 가만히 있었으면 될 것을… 가만히 있었으면 본전에 나올 수 있었는데. 그렇게 입맛과 신진대사가 돌아왔던 나는 다시 안 좋아지기 시작했고 결국 고개를 숙이는 척하다가 확 들어버린 월요일의 SK케미칼 덕에 주식 시장을 떠날 수가 있었다. 한편으론 속상하지만 한편으론 고마운 SK케미칼이다. 그래서 주식을 떠나 열심히 저축을 해 왔더니 꽤 괜찮은 금액이 모였다. 그렇게 시간이 3개월 정도 흐르고 많은 사람이 주식에 관심을 가지고 열광했으나 그때 동안만큼은 난 주식 어플을 깔지도 않았으며 주식에 별 관심도 없었다. 전 세계증시가 코로나로 인해 급락 후 얼마 안 되는 사이에 급반등하면서 많은 사람들이 주식에 관심을 가지게 되었다. 남들이 할 때는 안 하고 남들이 안 할 때 주식투자하는 나란 남자. 증시의 급격한 상승 때문에 어디를 가든 주식 얘기만 할 정도였다. 회사 회식이 있던 날 주식 얘기를 한창 주고받다가 오랜만에 전에 매도한 종목들의 주가를 봤는데 SK케미칼의 최근 주가를 본 나는 그 자리에서 술이 깨고 말았다. 2020년 8월 14일 최고점을 찍었는데 그 가격이 무려 466000원이다. 맘고생하고 단타를 하다 물리고 주말에 무기력해 아무것도 못 한 나의 그때 당시 평균 매수 단가는 102500원이었다. 약 4.5배가 올라 버린 것이다. 그때 2000만 원을 넣었으니 고점에서 팔았다는 환상을 가지고 단순 계산을 해 보면 약 9000만 원이 된 것이었다. 나는 분명 그때 SK케미칼이 떨어지는 것을 보고 한라산에 비유하자면 정상에 도착해 백록담을 구경하고 내려오는 중이라 생각했는데 알고 보니 그건 한라산 저 밑에 있는 등산로 입구 주차장에 불과했다. 그렇게 SK케미칼에게 뜨거운 배신을 당한 나는 술김에 다시 주식 어플을 깔았다. 예전처럼 다시 SK케미칼 주식을 산 것은 아니지만 다시 주식을 해야겠다는 마음이 생겨났다. 누가 이기나 해 보자는 마음이 가장 컸다.

만약 내가 손절매를 하지 않고 SK케미칼을 가지고 있었더라도 비싼 가격에 매도를 할 수 있었을까라는 의문이 든다. 결과론적으로 말을 했기에 고점에서 팔았다고 가정을 한 것이지 나도 날 잘 알기에 분명 많아야 100만 원 수익을 보고 신나서 술을 사 먹었을 것이다. 46만 원이 되기 전에 많은 상승과 하락이 있었을 텐데 난 그 변동성을 분명 버티지 못했을 것이다. 그리고 주식을 잘 아는 사람도 아니기에 차트 분석은 물론 적정 주가도 없었기 때문에 더더욱 비싼 가격에 매도는 못 했을 것이다.

주식 정말 쉽지 않다. 나처럼 내가 매수한 회사에 대해 정보도 없이 그리고 오른다고 그 불기둥에 탑승해 버리면 불기둥의

높이도 모른 채 혼자 저 밑에서 나오고 버스는 출발하고. 절대 쉽지 않다.

2020년 5월 15일 금요일을 기억하며 비록 안 좋았던 기억도 시간 지나면 추억이더라.

잘 먹고 잘 살아라. SK케미칼. 뜨겁게 나 혼자 사랑했었다.

SK케미칼 주주님들도 파이팅.

현시점 내 최고의 수익률, 두슬라

: 두산중공업(034020)

나는 과거에 두산중공업의 주주였다. 현재는 이름이 변경되어 두산에너빌리티라는 이름을 쓰고 있다. 감정이입을 위해 현재의 이름보다 날 뜨겁게 만들었던 두산중공업을 위해 두산중공업이라는 전 회사 이름으로 글을 쓰겠다. 독자들의 넓은 마음으로 이해해 주길 바란다.

주식을 사랑하는 나는 손절보다 더 기분 나쁜 것 하나가 있었다. 손절까지는 뭐 생각한 거니까 그렇다 칠 수 있다. 하지만 손절매한 종목이 급등한다면 그때는 손절했을 때보다 더 큰 충격이 되어 돌아왔다. 아는 사람은 알 거다. 얼마나 기분 나쁜지. 주식을 해 본 사람이라면 대부분 경험을 해 봤을 것이라고 생각한다.

8월 14일에 고점을 찍은 SK케미칼을 다시 본 건 9월 초였다. 다시 봐도 헛웃음밖에 나오질 않았다. 내가 만약 주식 공부를 하고 주식에 대한 믿음이 있었다면 고점은 아니더라도 손절은 안 하지 않았을까라고 생각했다. 누굴 탓하랴 스스로 매우 분해 있는 상황이었다. 내가 살면서 뭘 잘못한 적이 있나 되짚어 보았던 시간이었다. 그러다 출근한 상황에서 주식 창을 켜 봤는데 SK케미칼이 42만 원을 유지하였고 그걸 본 나는 또 참지 못하고 주식 계좌에 돈을 옮기게 되었다. '그래. 주식 이놈아. 네가 이기나, 내가 이기나. 어디 해 보자.'라는 힘찬 각오는 있었으나 겁이 나서 우선 1000만 원만 옮겼다. SK케미칼을 사고 싶은 마음은 전혀 없었다. 이미 4배가 올라갔기에 사기가 솔직히 겁이 났기 때문이다. 그래서 SK케미칼에 뺨 맞고 화풀이할 종목을 찾고 있었다. 주식을 쉬면서 약 4개월이란 시간 동안 꽤 많은 돈을 모았지만 왠지 모르게 무서웠다. 그래서 1000만 원만 옮기고 어떤 종목을 매수할까 아이쇼핑하듯 주식 어플을 구경하고 있었다. 내 눈에 들어온 예쁜 종목은 바로 '두산중공업'이었다. 장 중에 급등하였고 왜 올랐을지 분석하고 앞으로도 오를까 하는 충분한 생각 후에 매수하는 게 맞지만 이름이 누구나 아는 회사이기도 하고 쉽게 망할 거 같진 않았다. 우선 그냥 더 오르기 전에 매수부터 하고 나서 기사를 찾아보자 마인드였고 그땐 뭐에 홀린 것처럼 행동하곤 그랬다. 주식 계좌에 있는 1000만 원을 현금 가능으로 전액 매수를 하였다. 그때 매수금액은 18100원이었다. 그러다 바로 18300원까지 찍더니 이거 잘하면 금방 가겠다는 생각을 가졌고 기사를 찾아봤는데 해상풍력 관련주로 주목받아서 올랐다는 기사가 있었다. '그래, 역시 친환경은 해상풍력이지.'라는 생각을 가지고 현장에 들어갔다 나왔더니 주식장이 끝이 나 있었다. 그날의 종가는 결국 전날 대비 5% 상승한 16750원에 마감이 되었다. 약 8% 마이너스가 난 상황이었다. SK케미칼에 뺨 맞고 두산중공업에 화풀이했던 나는 80만 원 마이너스를 기록하고 말았다.

장이 마감 후 너무 급하게 매수하지는 않았나, 이름만 보고 매수한 건 아닌가라는 생각이 들어 종목토론방에 들어가 보았는데 매수세가 꺾였다느니 이제 매도가 쏟아질 거 같다느니 부정적인 이야기가 쏟아져 나왔다. 근데 매수세가 꺾이려면 뭔가 오른 게 있어야 하는 거 아닌가 생각한 나는 차트를 확인하였고 놀랍게도 내가 사기 전 일주일 전부터 무려 50%가 올라가 있었다. 차트를 먼저 보았더라면 겁을 먹고 안 사지 않았을까 생각했겠지만 이미 매수한 건 나의 운명. 받아드리자고 생각했다. 그리고 다음 날 목요일 난 늘 다른 날과 차이 없이 출근하고 현장과 사무실을 왔다 갔다 하면서 일하고 있었다.

그날의 주가는 평균 매수 단가 부근까지 와서 나를 놀리듯 '평균 매수 단가에서 더 높게 가줄까? 싫은데?'를 반복하더니 결국 난 매도를 하지 못했다. 난 단 1원도 손해를 볼 수 없었기 때문이다. 그렇게 두산중공업의 주가와 밀고 당기기 했던 나는 다른 방법을 선택하게 되는데 그 방법은 바로 추가 매수였다. 최고의 수비는 공격이라 하지 않았나. 아닌가? 반대 같다. 하지만 뭐 그게 그거니. 본전에라도 매도하려면 공격적으로 나와야 한다고 판단을 했기에 내가 처음 매수한 1000만 원어치를 분할 매수하기로 결심하였다. 하지만 평균 매수 단가 부근에서 놀던 주가였기에 내 평균 매수 단가는 17300원까지 떨어질 수밖에 없었다. 그리고 목요일 날 결국 본전에 매도하지 못했다. 역시 손가락이 가장 큰 문제였다. 그날 저녁 주식을 알려 준 형을 만나 이런저런 이야기를 하다가 귀가 얇은 나는 두산 기업 자체가 위험하다는 이야기를 들었고 매수한 금액과 같은 돈을 그것도 평균 매수 단가 부근에서 추가 매수한 이야기를 들은 형은 경악하고 말았다.

그리고 다음 날 기회가 되면 탈출해야겠다는 생각이 들었다. 그때 들어가 있던 두산중공업 오픈채팅방도 분위기는 그렇게 좋지는 못했다. 불안한 뉴스가 연이어 나오고 상승세가 꺾이고 나서 온 조정이라 하락의 깊이는 더 클 수도 있을 거 같다는 이야기도 주주분들께서 많이 이야기했었다. 그래서 내린 결론은 본전만 되면 곧 나와야겠다고 생각했다. 주주분들도 이렇게 확신이 없는데 이건 아니라는 생각이 들었다. 금요일 우리의 생각과는 다르게 주가가 올랐다. 무려 17600원. 내 평균 매수 단가보다 300원 높은 가격이었다. 하지만 난 매도를 하지 않았다. 어제 그렇게 부정적인 이야기를 많이 한 오픈채팅방도 그리고 두산중공업이 힘들다고 하던 종목토론방도 모두 하나 되어 영차 영차 운동과 가즈아 운동을 같이 하였고 다들 2만 원을 간다느니 3만 원을 간다느니 이야기를 외치고 있었다. 귀가 얇은 나는 '그래, 여기서 내리면 나만 돈을 못 벌 수도 있어. 꽉 잡아 보자.'라는 마음을 가지고 영차 영차를 더 크게 외치며 두산중공업의 주식을 팔지 않았다. 그렇게 우리는 한배를 타게 되었고 우리는 끝장을 보자는 마음으로 같이 하자고 말을 하였다. 하지만 그것도 금요일 장 마감 후에는 아까라도 탈출할 걸이라는 사람들이 쏟아져 나오고 나도 껄무새로 바뀌게 되었다. 그 이유는 장이 마감하고 나온 뉴스인데 주식 중 악재인 유상증자를 두산중공업에서 결정한 것이다. 회사에 돈이 부족하니 주주들에게 주식을 싸게 팔고 돈을 구하겠다는 것이다. 난 주린이답게 유상증자가 뭔지도 모르고 이것저것 많이 찾아보았다. 두산중공업은 1조 3000억이라는 큰 금액을 유상증자로 결정하고 솔루스와 모트롤도 매각한다고 했다. 이유는 채무상환자금 조달을 위해서였다. 주식을 한 지 6개월이 지났으나 오랜만의 복귀이기도 하고 아직 주린이기 때문에 무슨 말인지 잘 모르겠고 오픈채팅방 사람들은 큰일이 났다는 이야기만 할 뿐이었다. 걱정되었던 나는 유튜브에 두산을 검색한 후 회사 흐름과 앞으로의 미래를 보았지만 좋은 영상은 찾아볼 수 없었고 그 당시 오로지 부정적인 영상만 업로드되었다. 두산이 벌려 놓은 사업은 크나 거기에 맞지 않게 낮은 매출과 영업이익으로 인해 자회사들을 다른 회사에 매각하는 상황이었다. 팔다리를 다 자르고 몸통만 가지고 가겠다는 상황인데 몸통도 오래 가지 못할 거 같다는 이야기도 많았고 야구팀인 두산베어스를 다른 회사에 판다는 이야기까지 나왔었다. 흠. 처음 들어간 1000만 원에서 추가 매수를 안 하는 게 맞았느냐는 생각도 들고 두산중공업을 지금에서 매도라도 해야 하나 어쩌지라는 생각이 머릿속을 맴돌았다.

그 후로 나는 결국 매도하지 못하고 박스권이 형성된 두산중공업의 주가로 인해 비슷한 금액대에서 오르락내리락하는 주가를 보며 구경만 했다. 유상증자로 인해 발생한 곧 있을 권리락으로 주가는 내려갔지만 그 후로는 나름의 상승을 해 주었다. 평균 매수 단가 부근까지도 와서 예전처럼 놀리고 가기도 하고 하지만 난 그사이 오픈채팅방 사람들과 정도 많이 들고 내 마인드는 더 단단해졌다. 회사에 관한 공부도 많이 하였고 이왕 이렇게 된 거 진짜 끝까지 가보자는 마음으로 평균 매수 단가만 오면 팔아야지 했던 나의 마음도 그렇게 사라져만 갔다.

해가 바뀌고 2021년 1월 신주인권행사로 인해 약 600만 원을 현재 주가보다 더 싼 가격에 권리를 받게 되고 이왕 이렇게 된 거 3000만 원을 채우자는 생각에 약 400만 원을 추가 매수하게 되었다. 그로 인해 두산중공업의 평균 매수 단가 17300원에서 13900원이 되었다. 그 후 주가는 상승과 하락 그 어느 곳으로도 방향을 못 잡고 다시 박스권을 유지하게 되었다. 위로 갈 거 같으면서도 박스, 내려갈 거 같으면서도 박스. 그래서 재미가 없는 주식이 되어 버렸다. 하지만 이게 자세히 보니 박스는 아니었다. 주식에서 안 좋다는 계단식 우하향. 심각했다.

박스권이라고 생각했지만 평균 매수 단가 부근이었던 두산중공업은 어느새 10000원 초까지 떨어지더니 잘하면 10000원 이하로도 떨어질 수 있겠다는 생각을 했다. 그때 오픈채팅방에서 주식을 전업으로 전문적 투자를 하시는 분이 계셨는데 차트를 보니 지지선이 10500원이라 만약 그것보다 가격이 아래로 가게 되면 크게 하락을 할 수도 있다고 이야기하였고 그 이야기를 듣고 버티지 못한 주주분들 중 몇몇은 큰 손절을 감안하고 매도했다. 하지만 나는 정이 들고 믿었던 두산중공업이기에 팔 생각이 없었다. 그렇지만 나의 상처는 믿고 사랑했던 만큼 더 커져만 갔다. 마이너스 25%. 마이너스 750만 원. 자그마치 내 3개월 월급. 하지만 손절은 아니라는 생각에 정신 바짝 차리고 버티자는 생각을 했다. 잘못되면 그냥 자식 주자는 마인드로 버텨야겠다는 생각이 들었다. 그러면서 과거에 막 쓰던 나의 소비 습관도 통장에 돈이 없다 보니 바뀌기 시작했고 합리적이고 신중한 소비를 하게 되었다. 이 점은 두산중공업에게 정말로 고마웠다. 그렇게 우하향을 한 상황에서 약간의 상승과 약간의 하락이 반복되는 상황이 되었다. 하지만 상승을 해도 내 평균 매수 단가보단 밑이었기에 재미가 있을 수는 없었다.

그렇게 시간이 지나 어느덧 4월이 되고 말았다. 그 사이에 나는 백수에서 취업하게 되었고 제약 전공과 LG화학 계약직을 경력 삼아 준신입으로 HK이노엔이라는 회사에 입사하게 되었다.

회사에 입사해서 사람들과 친해지면서 이런저런 주식 이야기를 주고받는데 두산중공업을 가지고 있다니까 미래 전망도 없고 다 죽어 가는 회사를 왜 가지고 있냐며 차라리 지금이라도 손절하고 다른 종목으로 갈아타라는 이야기를 많이 들었었다. 한 명한테 들은 이야기가 아니라 수많은 사람들에게 들은 이야기였고 나의 주식은 정말 잘못됐구나 생각을 했다. 심지어 주식을 하지 않는 사람들도 두산중공업에 대해 너무 안 좋게 보고 있었다. 주식 이야기만 나오면 두산중공업 주주인 나는 늘 놀림 거리가 되고는 했다.

그런 두산중공업은 4월까지 12000원에서 14000원까지 다양한 금액대에서 박스권을 유지했었다. 내 평균 매수 단가보다 높은 가격도 왔지만 난 매도를 하지는 않았다. 그 이유는 박스권과 상승과 하락을 반복하면서 주주들과 그리고 종목과 사랑에 빠졌기 때문이다. 이래서 사랑에 빠지면 안 된다고 하는 거 같다. 본전만 오면 매도하겠다던 나의 굳은 각오도 파도 앞에 작은 모래성처럼 쉽게 부서지고 말았다. 비록 회사 사람들에게 무시는 당했지만 나에게 손가락질했던 사람들에게 잘못되지 않았음을 직접 보여 주고 싶었다.

주식으로 지친 나였기에 여자친구와 대학교 친구들에게 같이 제주도를 가자고 이야기했다. 기분전환도 할 겸 그래서 우리는 6월 초에 제주도를 놀러 가기로 했다. 그때 친구들이랑 이런저런 이야기를 하다가 만약 두산중공업 수익 내서 나오면 맛있는 거 내가 사겠다고 이야기했다. 그땐 몰랐다. 정말 제주도에서 내가 맛있는 걸 사게 될 줄은.

2021년 5월 21일 한미 정상회담을 하는 날이었다. 공동성명을 통해 원전 사업 공동참여를 포함해 해외 원전시장에서 협력을 강화하고 최고 수준의 원자력 안전 안보 비확산 기준을 유지하기로 합의했다고 발표하였다. 정상회담을 보면서 '잠깐만. 우리나라 원전 하면 두산중공업 아닌가?'라는 생각이 머리를 스쳐 지나갔고 회담 이후 절망만 가득했던 우리 오픈채팅방도 웅성웅성 많은 사람들이 희망 회로를 돌리기 시작하였다. 정상회담이 있었던 날 5월 21일의 종가는 내 평균 매수 단가와 같은 13900원이었다. 발표가 있은 뒤로 두산중공업은 숨도 쉬지 않고 6월 7일까지 상승하여 32000원까지 상승하였다. 이때 두산중공업의 별명은 두슬라였다. 짧은 기간에 급등했기에 짧은 기간 동안 엄청난 수익을 올린 테슬라의 이름을 따온 별명이다.

그럼 나는 얼마에 두산중공업을 매도했냐고? 5월 31일. 내가 HK이노엔에 근무했을 때 내 동기 중에 같은 팀이 딱 한 명 있었다. 그 동생이랑은 점심을 먹으면 꼭 회사 한 바퀴를 돌곤 했다. 그러면서 동생에게 두산중공업의 현 상황을 말해 주었고 둘이 신중하게 생각을 거듭하고는 했었다. 그때 수익이 30%를 넘어갈락 말랑했을 때다. 주식을 하시는 분들은 아시겠지만 사실 주식은 물려 있는 게 제일 맘이 편하다. 오히려 상승해서 매도할 타이밍이 정말 어렵다. 팔아야 하나 혹은 기다려야 하나. 정말 그게 더 어렵다. 왠지 안 팔면 떨어질 거 같고 팔면 올라갈 거 같고 매번 쉽지 않긴 하다. 그래서 난 30%가 오르는 동안 팔지 않고 있었다는 거에 정말 대단하다고 느꼈다. 회사 한 바퀴를 다 돌 때쯤 동생과 충분히 이야기한 결과 좋은 방법이 떠올랐다. 우선 보유하고 있는 두산중공업의 주식을 전량 매도하고 상황을 지켜본 뒤 반을 매수하는 것이었다. 왜 반만 다시 매수하냐면 상승을 하게 되면 내버려 두자는 계획이었고 만약 하락하게 되면 나머지 반을 이용하여 분할매수를 할 계획이었다. 그렇게 점심을 먹고 동생과 돌던 중 나의 두산중공업은 전량 매도를 하게 되었다. 그때 매도했을 때 주가는 18900원이었다. 나는 약 1100만 원이라는 수익을 내게 되었다. 그러고 나서 꺾이지 않는 거래량과 매수세를 확인한 나는 원금이었던 3000만 원과 현재 수익이 난 1000만 원 총합이 4000만 원에서 절반인 2000만 원은 19300원을 다시 매수하게 되었다. 매도하고 나온 종목은 다시 안 사는 게 나만의 원칙이었지만 그런 원칙이 매번 지켜지지 않는다. 심리를 이기지 못하는 거 같다. 그렇게 추가 매수한 뒤 각종 뉴스와 주식 채널에서는 두산중공업이 매번 언급되었다. 그리고 그렇게 5월 31일 1000만 원의 수익을 내고 다시 2000만 원을 매수한 나는 일주일이 안 되는 사이 금요일인 6

월 4일 무려 30%로 수익이 또 발생하였다. 심적으로 매우 여유로웠다. 그리고 이 일주일 사이 두산중공업을 몇 개월간 외치던 나에게 수많은 사람들에게서 연락이 왔다. 가족은 물론이고 심지어 회사에서 나에게 두산중공업을 왜 가지고 있냐는 사람들까지 말이다. 그 덕분에 회사에서 두산중공업을 매수해 무시당했던 나는 드디어 슬슬 어깨를 펼 수가 있었다. 그리고 6월 첫째 주는 친구들과 제주도를 가기로 한 주였다. 그래서 6월 7일 월요일 연차를 쓰고 우리는 6일 현충일에 한라산 등산을 했다. 약속대로 난 친구들과의 제주도 여행에서 맛있는 걸 살 계획이었으나 생각보다 많은 수익으로 인해 그냥 밥값을 다 내고 왔다. 베풀면 또 나에게 돌아올 거라고 믿는다. 고맙다고 한 친구들에게 이 영광은 나에게 온 것이 아니라 두산중공업에서부터 나온 것이라며 두산중공업에 대해 감사를 표했고 그렇게 한라산 등산까지 하고 친구들과 잊지 못할 좋은 추억을 쌓은 나는 두산중공업 썰을 여행 내내 풀었음과 동시에 주식이 열리는 월요일이 얼른 오길 바랐다. 관심이 많이 쏠렸기에 충분히 더 오를 거라는 생각을 했기 때문이다. 우리는 월요일 아침 8시 50분 비행기를 타고 청주로 가게 되었다. 이륙 전 확인한 예상가로 봤을 때 두산중공업의 예상 수익은 700만 원 정도 되었다. 그리고 한 시간 뒤 설레는 마음으로 비행기가 착륙하자마자 비행기모드를 풀고 주식 어플을 켰을 때 나는 다시 한번 설렐 수밖에 없었다.

두산중공업의 수익은 한 시간 사이 무려 총 900만 원을 넘기고 있었다. 입꼬리가 내려올 생각을 하지 않았다. 그리고 6월 7일 종가는 금요일 대비 27%가 상승한 32000원에 장을 마감하게 되었다. 종가 기준 수익은 1200만 원 정도였다. 이때도 두산중공업을 샀다고 무시하던 회사 동료들에게 많은 연락이 왔다. 축하한다는 연락도 많았지만 사실 오늘 급등을 하면서 두중이를 매수했다는 연락도 많이 받았다. 그때 깨달았던 것이 '아, 이제 흐를 일만 남았구나.'라고 생각하게 되었다. 지금 쓰는 이야기가 종목별로 쓰고 있기에 이 사이에 다른 종목들의 우여곡절도 많이 겪었다. 그러면서 겪은 거지만 주식에 관심 없는 사람이 공부 없이 특정 종목에 대해 매수한다면 그것은 최고점이거나 혹은 최고점 부근이라는 생각을 했다. 이번에도 분명 적중할 것이라는 생각을 했다. 그래서 난 다음 날 전액 매도를 결심하였다. 인간 지표는 그 어떤 지표보다 확률이 높기 때문이다.

다음 날 화요일이 되자 아니나 다를까 두산중공업의 주가는 박살이 났다. 장이 열린 순간부터 지지부진하던 주가는 살짝 반등을 보였지만 결국 20% 하락한 25350에 장을 마감하게 되었다. 하지만 난 급등을 하기 전 나름 저점에서 샀기 때문에 아무리 마이너스여도 수익권이었다. 그래서 부담 없이 그리고 미련 없이 28200원에 전량을 매도하고 이번에도 약 50% 수익을 내며 1000만 원 이익을 얻었다. 그리고 그동안 추억이 쌓인 두산중공업 오픈채팅방에서도 웃으며 나오게 되었다. 약 8개월이라는 시간 동안 같이 보냈더니 정이 많이 쌓이긴 했었다. 덕분에 좋은 수익이 나올 수 있었다. 그리고 나를 무시하고 나중에 따라 들어온 회사 사람들은 결국 손절을 하고 나온 사람도 있고 아직 들고 있는 사람들도 있다. 역시 소문난 잔치에는 먹을 게 없다는 것은 이번 두산중공업에서도 틀리지 않음을 증명하였다.

두산중공업을 약 8개월간 들고 있으면서 주식에 대해 공부를 많이 할 수 있었던 거 같다. 주식은 우리의 흐름대로 가지 않는다는 것과 절대 쉽지 않다는 것을 알려 주었던 종목 같다.

지금까지 내 인생에서 가장 큰 수익 2000만 원. 정말 큰돈이다. 연봉의 반 정도 되니까. 그래서 더 뜻깊다. 역시 손절보다는 익절했을 때가 기분이가 좋다.

이제 앞으로 야구도 두산베어스 팬이다. 고맙다. 두중. 행복했었다.

주식 속 코인 종목, 야수의 심장

: 신풍제약(019170)

과거부터 지금까지 포함 그리고 앞으로도 이렇게 다이나믹한 종목의 주주가 될 수 있을까. 코로나 전후로 6000원대 주가가 21만 원대에 갔으니. 이건 내 주식 역사에도 그리고 한국 주식 역사에도 남을 만한 종목이라고 생각한다. 어쩌면 그때 당시 우리나라에서 삼성전자보다 많은 언급이 된 종목이지 않나라는 생각이 든다. 이런 종목을 매수했던 나도 보통 정신 상태는 아니었던 거 같다. 남들이 다 간다고 하니까 내가 사도 별문제 없이 잘 가겠지 생각하다가 무려 180000원에서 매수했다. 오해하실까 봐 말하는 거지만 만 팔천 원이 아닌 십팔만 원이다. 30배가 오른 상태에서 매매한 나. 시작부터 뭔가 잘못됐다.

2020년 9월 18일 금요일이었다. 그 당시 SK케미칼로 마음의 상처를 두 번이나 입었을 때다. 두산중공업 매수도 했고 돈이 조금 남길래 적은 돈으로 단타를 치려고 했다. 몇 개월 동안 주식 인기 종목에는 항상 신풍제약이 있었다. 신풍제약은 코로나 치료제 관련주로 실제 치료제를 개발한 것은 아니지만 신풍제약이 보유 중이던 말라리아 치료제인 피라맥스라는 약이 코로나 치료제로 쓰일 수 있다는 이야기가 나올 때였다. 그래서 피라맥스의 영향을 받아 코로나가 언급될 때마다 하루에도 큰 변동성을 보이고는 했다. 정말 이때 당시 신풍제약이라는 종목 이름보다는 신풍 코인이 더 적합한 이름이지 않았나 싶을 정도였다. 10%의 상승과 하락은 우스웠으며 6000원대 하던 종목이 21만 원대 갔으면 말 다 한 거 아닌가. 그래서 오늘의 단타는 이거라는 생각에 500만 원 정도 매수해 아주 쉽게 3% 플러스를 기록하고 13만 원의 수익을 냈다. 매수에서 매도까지 5분이 걸리지 않았다. '이게 단타지. 오랜만에 머리에 피가 도는구먼.'이라는 생각을 했던 나는 평일 일과를 마치고 여자친구를 만나 주말에 다 써 버렸다. 이게 전형적인 소액 개미 단타 유형이다. 조금 수익 난 돈은 공짜로 생긴 거라 생각하고 막 써 버리는 것이다.

주말이 지나가고 도박장이 다시 열리는 월요일은 회사 업무가 너무 바빠서 주식을 보지 못했다. 다음 날인 화요일에 신풍제약에 크나큰 악재가 터졌다. 자사주를 처분한다는 것인데 쉽게 얘기해 대표나 임원들이 회사가 앞으로 더 발전하기는 힘들 거 같다고 판단해 주식을 처분한 것이다. 근데 여기서 재밌는 점은 주가가 6000원에서 21만 원대로 갔기 때문에 회사가 처분한 총금액만 2000억이 넘는다. 신풍제약의 실적을 고려하면 무려 영업이익의 120년어치이다. 나 같아도 팔겠다. 하지만 그렇게 되면 회사를 믿고 투자한 기존의 주주들은 다 죽으라는 말과 같기에 회사에서 보여 준 행동은 올바른 행동이 아니라고 생각한다. 그래서 그날 결국 신풍제약은 하한가인 30%를 가고 말았다. 계속 하한가가 유지가 되다가 주식의 코인답게 오후에는 하한가가 풀리더니 급격하게 상승했다. 그걸 목격한 나는 저번 주 수익을 안겨 준 신풍제약 때문에 다시 심장이 뛰기 시작했다. '지금이라도 나도 타야 해! 나도 데려가! 이번 주도 데이트 비용은 신풍제약이다!'라는 생각을 가졌고 난 금요일의 좋았던 기억을 되살리기에 378만 원을 매수하였고 달리는 기차에 후다닥 들어가 몸을 던진 나의 평균 매수 단가는 딱 180000원이었다. 21주를 매수하였다. 현장에서 일하고 나가면 올라가 있겠지하는 마음으로 현장에 들어가 설레는 마음으로 일하였고 그날의 신풍제약 종가는 166000원이 되었다. 18만 원에 매수한 나는 마이너스 7%를 기록하였고 손실은 30만 원이 되었다. 하지만 장기투자든 단타든 내가 매수하면 초반에는 물리는 것이 세상 이치기에 조금 더 기다려 보기로 했다. 손절은 없다. 마음이 흔들리면 안 되는 걸 알기에 중요한 건 꺾이지 않는 마음 모드를 유지하기로 했다. 하지만 그런 꺾이지 않을 거 같던 나의 마음도 꺾여도 너무 심하게 꺾여 버린 그래프에 흔들리기 시작했다. '그때라도 팔 걸 그랬나.'라는 생각을 가지게 되었고 신풍제약의 주가는 그 후로 지하를 뚫으러 갔다. 그때 또 나는 겁을 먹었기에 누군가에게 기대야겠다는 생각이 들어 폭풍 검색 후 신풍제약 오픈채팅방에 들어가게 되었다. 다른 종목 오픈채팅방도 여러 곳 있어 봤지만 신풍제약 주주분들답게 다른 종목에 비해 성격이 많이들 예민하셨다. 그럴 만도 한 게 등락이 매우 심했기 때문에 주주들끼리 싸우는 경우도 많았다. 재미없는 신풍제약 주가 때문인지 싸움 구경도 나름 재밌는 구경거리였고 혼자 끙끙 앓는 거보단 낫다고 생각했다. 하지만 전쟁터 같은 단톡방에서도 뜻이 맞는 사람들끼리 서로 도원결의라도 하듯 단합을 하여 주가가 내려가든 말든 피라맥스에 대한 희망을 가지고 버텨 나갔다. 그러면서 하염없이 떨어지는 주식을 보며 주식 이야기는 물론 본인의 일상도 이야기하며 사이는 더 깊어져만 갔다. 주주분들 중에서 나보다 간절한 사람은 많았다. 매수한 금액의 액수가 남달랐기 때문이다. 비록 나는 400만 원이 조금 안 되는 돈으로 모두 잃으면 속상하기야 하겠지만 그래도 금방 모을 수 있는 금액인데 나와 같은 소액 주주 몇을 제외하고는 대부분의 사람이 천만 원 단위였고 많이 사신 분은 억 단위도 많았다. 오픈채팅방 중에서 계좌공개로 인해 본 사람 중 가장 많이 사신 분은 20억이었다. 정말 대단하다고 느꼈다. 어떻게 30배 이상 오른 종목에 이렇게 많이 매수할 수 있을까라는 생각했다. 다시 생각해 보니 그래서 예민하셨던 거 같다. 나도 억 단위로 샀으면 매우 예민했을 거 같다. 하지만 그럴 일은 없다. 억이 없으니.

그렇게 신풍제약 주주가 된 지 어느덧 한 달이 지나고 대학 졸업 후 열심히 다니던 나의 첫 직장인 LG화학의 계약직이 끝나고 나의 본격적인 백수 생활이 시작되었다. 아침에 눈을 뜨고 눈을 감기까지 주식, 반신욕, 밥술을 반복했던 시기이다. 그래서 그런지 신풍제약 주주분들이랑 이야기하는 시간은 더 많아졌고 사이도 더 좋아졌던 시기였다. 매일 하락만 하는 주가를 안주 삼아 마시던 술은 항상 달게만 느껴졌다. 신기하게 다른 종목에 비해 신풍제약 주주분들 중에는 백수가 많았다. 그래서 바쁜 주주분들을 대신해 백수 주주분들이 회사 정보도 오픈채팅방에 공유하고 주가가 올라가길 바라며 영차 영차도 많이 외쳤었다.

그렇게 신풍제약을 매수한 후 2달 정도 흘렀을까. 계단식 하락이 이어지고 여자친구를 보러 송도를 올라가던 도중 '이대로 가다간 손절을 볼 수도 있을 거 같아. 차근차근 물을 타보자. 그럼 분명 나올 기회 한번은 온다. 명심하자. 한번은 온다.'라는 마음을 가지고 주식 계좌에 돈을 옮긴 후 가격이 내려가면 조금씩 매수를 할 계획이었다. 하지만 날이 추워서 그랬을까 빨리 매수하고 주머니 속에 손을 넣고 싶었던 나는 전액 매수 버튼이 눌린 줄 모르고 신풍제약을 있는 현금 탈탈 털어 다 사버렸다. 무려 1400만 원. 기존에 모았던 돈들도 그리고 퇴직금마저 주식 계좌에 넣어 놨기에 그런 사달이 벌어졌다. 하지만 이것 또한 운명. 하늘의 뜻이라 믿고 받아드리자는 마음으로 긍정적인 생각을 가지고 매도하지는 않았다. 그렇게 128000원에 109주를 매수하게 되었다. 이 이야기를 들은 신풍제약 오픈채팅방 주주님들은 환호하였고 추가 매수 덕분에 나의 영차 소리는 나날이 더 커져갔다. 그리고 이틀 후인 11월 12일 목요일 여자친구가 출근하고 혼술을 하다가 '어휴, 에라 모르겠다. 그냥 갈 데까지 가보자.'라는 마음으로 술기운에 있는 돈 없는 돈 다 긁어모아 15주를 총 3번으로 나누어 매수하였고 나의 최종 평균 매수 단가는 133375원에 145주가 되었다. 약 2000만 원 정도의 금액이다.

전 재산을 주식에 몰빵하게 된 나는 신풍제약이 반겨 주기라도 하듯 다음 날인 13일 금요일 엄청난 하락을 하게 되었다. 역시 내가 사면 고점이었다. 13일의 금요일이 신풍제약 때문에 생긴 날이구나 생각했을 정도였다. 여느 날과 같이 여자친구를 출근시키고 혼자 집 앞 강가를 따라 걷고 있었다. 전날 신풍제약의 주가는 105000원이었고 장 시작 후 얼마 버티지 못하고 그래도 깨지지 않을 것만 같았던 10만 원이 깨지고 말았다. 이유는 모더나와 화이자에서 코로나 백신 연구에 좋은 결과가 나왔기 때문이다. 그래서 치료제 테마주가 일제히 하락을 피하지 못했다. 그때 10만 원만 깨진 게 아니라 내 머리도 같이 깨졌다. 이때 신풍제약만을 외치던 주주들의 마음도 주가와 같이 식어가기 시작했다. 주주분들 중 한 분께서 20살부터 30살까지 투잡하면서 힘들게 2억을 모으셨다는데 그 2억을 신풍제약 고점에 넣어서 반토막이 났고 결국 그 하락이 너무 심해 1억이라도 지키자는 마음으로 그날 손절을 하셨다. 그분이 엄청나게 속상해하시는 걸 봤다. 낮술을 먹고 하소연하셨다. 그분께서는 사람들과 정이 많이 쌓여서 나중에 나가겠다고 말씀하시고 우리 방에 남아계셨다. 나도 그 연락을 보고 '지금이라도 여기 강에 들어가야 하나…? 우선 혹시 모르니 종아리까지만 담글까?'라는 생각을 했다. 그때 신풍제약도 신풍제약이지만 두산중공업도 마찬가지로 꽤 큰 손실을 보여 주고 있었고 신풍제약으로만 봐도 540만 원이라는 큰돈이 마이너스였다. 처음 신풍제약 매수 금액이 400만 원인데 현재는 원금보다 더 큰 마이너스라니. 물을 크게 타다 보면 이런 일이 자주 발생하는 거 같다. 하지만 난 자그마치 16년이 된 한화이글스 팬이기에 이 정도 아픔 따위는 쉽게 흔들리지 않지. 속으로 한화이글스 우승할 때까지 기다려 보자며 스스로 격려하였다. 그런 생각을 하다가 머릿속을 스쳐 지나가는 생각이 있었다. 바로 곡소리 매매법. 그러고 보니 보통 주주들이 못 버티고 손절을 하면 그때가 보통 저점이라는 생각이 들기는 했다. 생각보다 확률이 좋은 매매법이라 이번에도 그랬으면 하는 바람이 있었다. 여러 복잡한 생각을 끝내고 강가 앞 걷기 운동을 마무리하며 여자친구가 없는 여자친구네 집에 돌아갔다. 그날은 송도에서 제약 회사에 다니고 있는 대학 후배를 만나기 위해 카페에 가기로 했다. 11시쯤 준비를 마치고 약속 시간을 맞추기 위해 이른 점심을 먹고 나가려는데 여자친구에게 전화가 왔다. "오빠, 혹시 집이야? 친오빠가 우리 집에 캐리어 가지러 온다는데 이따 몇 시에 나가?

오늘 오빠 반차랬던 거 같은데 아마 13시쯤 갈 거 같아." "음, 지금 밥 먹는데 12시쯤 나갈 거 같아서 괜찮을 거 같아! 잘 치우고 나갈게."라는 말을 남겼다. 여자친구네 집에서 같이 지내는 걸 모르는 친오빠이기에 걸리면 두들겨 맞을 수도 있다고 생각했다. 다행히도 시간적 여유가 있기에 다시 밥을 음미하며 유튜브를 보고 있었는데 다시 여자친구에게 전화가 왔다. 울리던 전화벨 소리는 느낌이 싸하게 느껴졌고 그 느낌은 역시 틀리지 않았다. "오빠, 친오빠 지금 집에서 나왔대." 그 이야기를 들은 나는 순간 그대로 얼어 버렸다. 여자친구 집과 형님의 집은 불과 3분 거리이기 때문이다. 친남매이기도 하지만 같은 오피스텔 이웃 주민이기도 했다. 먹던 제육볶음을 냅다 싱크대로 던진 후 물을 틀어 놓은 상태에서 여자친구에게 "베란다는 열었으니까 아침에 제육볶음 먹었다 해!"라는 말을 남긴 후 바로 전화를 끊은 뒤 후다닥 나의 짐을 다 챙기고 나서 맨발로 허겁지겁 비상계단으로 도망쳤다. 이래서 비상계단인가. 다행히 걸리지는 않았다. 그 짧은 시간에 모든 짐을 챙겨서 나온 나도 살아 보겠다는 강한 의지가 있었던 거 같다. 그리고 비상계단에서 동생을 만나러 가기 위해 준비를 마친 나는 근처 카페로 발걸음을 향했다. 그런데 웬걸. 장중 10만 원을 깼던 신풍제약이 내가 완전범

죄를 하기 위해 긴박했던 시간 동안 급등을 했던 것이다. '설마 나에게도 매도 기회를?'이란 생각을 했고 하루에 지옥과 천국을 왔다 갔다 했던 하루였다. 정말 13일의 금요일이 맞았다. 하지만 나의 평균 매수 단가에는 살짝 못 미치기에 팔 생각은 없었다. 동생이 학기 중에 유럽으로 공부 길을 떠나는 바람에 정말 오랜 시간 동안 못 보았었다. 오랜만에 만나서 그런지 더더욱 반가웠다. 그렇게 원두 냄새를 맡으며 이런저런 유학 이야기, 학교 이야기를 주고받는 사이 신풍 코인이 드디어 나의 평균 매수 단가에 도달을 한 것이다. 동생과 이야기하던 도중 수시로 핸드폰을 보는 나의 모습을 본 동생이 무슨 일 있냐며 나에게 말을 했고 나는 그동안 있었던 신풍이에 대해 이야기했다. 딱 마침내 평균 매수 단가 부근이어서 이걸 팔아야 하나 말아야 하나 모르겠다고 이야기했고 동생이 갑자기 유로 동전을 하나 꺼내더니 동전을 던져서 엘리자베스가 나오면 팔지 말고 기다려 보자는 이야기를 했다. 평소에 미신을 믿지는 않지만 어딘가에 기대고 싶었던 나인지라 동전을 던지기로 하였고 그 결과 엘리자베스 여왕님이 새겨진 동전 면이 나왔다. 난 약속대로 매도하지 않고 가져가기로 결심했다. 그리고 장은 살짝 밀려 평균 매수 단가보다 더 낮은 125000원에 장을 마감하고 말았다. 마이너스를 기록하긴 했으나 그래도 아침에 급락한 점을 고려해 보면 주가가 많이 올라서 다행이었다. 그리고 나에겐 엘리자베스 여왕님이 함께 하시니. 그리고 엘리자베스 여왕님의 행운은 실제로 존재라도 한 것일까. 신기하게 주말 동안 신풍제약의 호재가 나오더니 결국 월요일에 크게 상승하여 14만 원까지 상승하였다.

그래서 난 팔았냐고? 다른 종목과 마찬가지로 팔지 못했다. 신기하게 주식은 팔 생각으로 차트를 계속 보고 있으면 오히려 더 팔지 못하겠다. 보면 볼수록 더 갈 거 같거든. 그러다 신풍제약답게 또다시 큰 하락을 보여 줬으며 나는 엘리자베스 여왕님의 운을 믿어 보라던 동생에게 "이거 안 오르는데 믿어 봐야 하는 거 맞아?"라고 이야기하였고 "오빠가 수익권인데 안 판 거 아냐?"라는 한마디에 뼈를 맞아 버리고 아무 말을 할 수가 없었다. 꿀 먹은 벙어리가 된 나는 매도를 할 수 있는 기회에서 하지 못한 내가 가장 큰 잘못이었다고 생각이 들었다. 잊지 말자. 투자는 모두 본인 책임이다. 어떠한 경우에서라도 남 탓 금지.

그러던 신풍이가 평균 매수 단가 부근에서 놀다가 12월 1일부터 엄청난 상승을 보여 주었다. 그때 당시 신풍제약은 피라맥스가 코로나 치료제로 될 수 있다는 가능성이 나오고 북한 해커가 코로나 치료제를 위해 셀트리온과 신풍제약을 노렸다는 기사로 인한 급등이었다. '엘리자베스 님이 다른 누군가에게 먼저 들렀다 오시는 바람에 나에게 오기까지 늦으신 거구나'라는 생각이 들었다. 그렇게 나에게 주식은 빨간불이 아니라 빨갛고 뜨거운 불기둥이 일어났다. 주가는 2주가 안 되는 시간 동안 급상승으로 20만 원을 돌파하였고 그때 당시 수익은 1000만 원이 넘었었다. 회사에 다닐 때 받은 월급보다 많은 돈이 매일 수익으로 늘어나곤 했었다. 아침에 일어나 화장실을 갔다 오면 수익이 200만 원 늘어나 있고 그랬었다. 꿈같았다. 이게 주식인가. 이게 신풍제약인가. 하지만 신풍 주주들이 모두 환호할 때 좋은 일만 있었던 건 아니다. 2억에서 주가가 반토막이 나서 1억이 되셨던 분이 우리를 응원해 주다가 그분의 원래 평균 매수 단가를 신풍제약이 가자 그분이 아무 말 없이 오픈채팅방을 나가셨다. 주식은 본인이 감당할 수 있는 선에서만 하는 것이 맞다고 생각한다.

신풍제약이 그렇게 올랐지만 나는 팔지 않았다. 이게 만약 코로나 치료제로 되기만 한다면 글로벌 넘버원 바이오 회사가 될 거라고 믿었으니까. 끊임없이 상승을 하던 중 내가 보유하고 있는 종목이 다른 종목이 아니라 신풍제약이라는 것을 다시 한번 깨달은 나는 큰 하락을 할 수 있을 거라고 생각했다. 그래서 상승할 때마다 목표 매도가격을 올려서 그 가격에 오면 과감하게 매도하자는 생각이 들었다. 주가는 점점 올라가더니 결국 전고점인 20만 원에 안착하게 되었다. 그리고 백수였던 나였기에 집에만 있으면 뭐 하겠는가. 여자친구가 출근하면 혼자 카페에 가거나 마트에 가서 장을 보는 시간이 많았다. 그게 시간 보내는 데는 정말 최고였다. 어느 날과 같이 카페에서 혼자 시간을 보내고 있었는데 뒤에 계시던 어머님 두 분께서 신풍제약 지금이라도 사야 하나라는 주제로 이야기하는 모습을 보았다. 누구 엄마가 이거 사라고 추천을 해 줬다는 이야기, 이걸로 돈 많이 벌었다는 등 긍정적인 이야기를 주고받으시는 중이셨다. 그 이야기를 듣고 슬슬 축제의 막이 내리겠구나! 확신하였고 그 이야기를 들은 나는 신풍제약의 목표 매도 가격은 17만 원으로 정했고 주가가 하락하여 17만 원이 오면 뒤도 돌아보지 않고 매도하기로 마음을 먹었다.

전고점을 뚫기 직전이었던 신풍제약의 질주는 무서웠다. 하지만 12월 10일 주식의 장이 마감되고 시간 외에서 신풍제약은 불법 리베이트 품목이 발견되고 그로 인해 해당하는 품목은 판매업무 정지 3개월 행정 처분 명령을 받았다. '리베이트가 뭐지?' 했던 나는 인터넷 검색을 통해 뜻을 알았고 '아, 뒷돈 같은 거구나.' 하며 이거 악재 아닌가라는 생각에 시외 거래를 확인했고 아니나 다를까 시간 외 거래에서 하한가 근처까지의 큰 급락을 보여 줬다.

이거 어쩌면 내일이 매도하는 날이 될 수 있겠다고 생각을 한 나는 유종의 미를 거두기로 혼자 고독하게 술 한 잔을 하며 마음의 준비를 하였다. 다음 날 여자친구가 출근하고 추운 날씨와 숙취로 인해 집에 누워만 있었다. 그러고 있는 사이 장이 시작되고 예상보다 하락이 크지 않아 이거 괜찮나 싶었지만 아니나 다를까 금세 급락하게 되었다. 결국 주가는 전날보다 마이너스 17%를 기록하고 157000원에 장을 마감하였다. 내가 생각한 17만 원보다 9% 정도 낮은 금액이었다. 불행 중 다행으로 어제 세운 나만의 투자원칙을 지키자고 생각했던 나는 결국 정확히 17만 원에 가지고 있던 주식을 모두 털고 나왔다. 평균 가격이 133375원이었던 나는 약 600만 원의 수익을 내고 신풍제약을 나올 수 있었다. 하지만 이미 수익률 1000만 원을 봤던 나이기에 600만 원을 벌었다기보단 400만 원을 잃었다는 생각이 컸다. 원래 사람은 기쁜 상황보다 슬픈 상황에 더 초점을 두는 법이니 말이다.

신풍제약으로 수익을 냈을 당시에는 할아버지, 할머니께서 우리 집에서 사실 때였다. 사촌 동생네 집에서 잠시 살 때 사촌 동생이랑 치킨에 맥주 한 잔 먹었다. 동생에게 "형 오늘 400만 원 주식으로 날렸어."라고 말을 했고 동생은 한참을 벌레 보듯이 나를 쳐다보았다. 동생 입장에서는 나이도 먹을 만큼 먹고 백수에 앉아서 돈도 잃고 그런 모습이 한심해 보였던 거 같다.

동생이 주식 계좌를 보여 달라 하고 600만 원 수익이 난 계좌를 보고 "잃었다며?"라고 말을 하였고 "얼마 전까지는 수익이 1000만 원이었어."라 했더니 그래도 번 게 어디냐며 축하를 해 줬다.

전에도 이야기했듯이 대부분의 개미는 자신이 수익을 낸 종목에 미련을 잘 못 버리는 습관이 있다. 이 이야기를 갑자기 하는 이유는 사실 신풍제약을 그날 매도와 동시에 조금 낮은 가격인 164000원에 500만 원어치 매수하였다. 엄청난 급등락이 있을 거라는 생각에 더 매수는 하지 못했다. 그 후로 신풍제약은 또 급락하게 되었다. 주식이 물린 채 해는 바뀌고 2월이 됐을 무렵 주가가 더 이상 오르지 않을 거 같다는 생각이 들어 과감하게 난 매도를 결심하였고 알코올중독 수준으로 술을 마셨고 술의 힘을 빌려 신풍제약과 아픈 이별을 할 수 있었다. 지금이라도 잘라내야 나중에 더 큰 손해를 안 볼 거 같다는 느낌이 강하게 들었다. 2월 15일 80000원에 전액 매도를 하였고 손실은 500만 원의 반토막인 250만 원 정도가 되었다. 속이 후련했다. 술에 취해서 25만 원을 손절한 줄 알았지만 역시 250만 원이 맞았다. 비록 손절매를 했지만 더 이상 신풍제약에 신경을 안 써도 된다는 생각에 그냥 기분이 좋았던 거 같다. 그 뒤로 2023년인 2월 현재 신풍제약의 주가는 2만 원 초반을 유지하고 있다. 코로나 전으로 돌아가면 이것도 3배의 금액이기 때문에 가격이 비싸다고 하는 게 맞을지 20만 원에서 10분의 1로 수직 낙하했으니 가격이 싸다고 하는 게 맞을지 참 애매한 거 같다. 만약 그때 80000원에 매도하지 않고 지금까지 가지고 있었더라면 엄청난 손해를 불러일으킬 뻔했다. 한편으로는 정말 다행이다. 그때의 나 비록 손절은 했으나 지금 와서 보니 매우 잘한 행동이었다.

신풍제약으로 결국 지지고 볶고 하면서 최종 수익은 350만 원 정도였다. 하지만 수익보다 더 값진 게 있었다. 바로 급등주를 타 봤다는 경험이었다. 누군가 주식 이야기를 하다가 본인이 매수했던 종목을 이야기할 때 신풍제약이면 이야깃거리는 충분하다고 생각한다. 그리고 신풍제약을 매수함으로써 급등주의 롤러코스터 같은 시세 변동은 내가 감당하기엔 너무 크다고 느꼈고 그 경험이 강력했는지 지금까지 급등 테마주를 매수하지 않고 있다. 앞으로도 그럴 생각은 없다. 정말로 그 압박감이 장난이 아니었던 거 같다. 백수일 때 그래서 그 정도였지. 본업이 있으면 분명 일에도 타격이 있을 거라고 한다. 글에도 잠깐 썼지만 감당 가능하고 일에 지장이 없을 종목을 사기를 바란다. 급등 테마주 잘못 타면 머리 다 빠진다. 명심하도록.

대학 동생이 말한 엘리자베스 여왕님의 행운이 정말 있었던 걸까?

언택트 대장이라는데 나도 한번 타 봐야지

: 카카오(035720)

국내 언택트 주식 대장을 꼽으라고 하면 많은 사람들이 네이버와 카카오 이 두 가지 주식을 많이 이야기한다. 내 생각도 마찬가지다. 두 회사 모두 대한민국 시가총액 10위 안에 있는 회사이고 사실 과거에는 제조업이 주였던 대한민국의 빠른 시대 변화에 수혜를 많이 본 업종이라고 생각한다.

앞으로도 네트워킹 및 IT 업종은 한동안 미래 산업에서 지금보다 더 큰 성장을 할 것이라고 생각한다. 하지만 그랬던 네카오도 내가 주식을 시작했을 때인 2020년 3월에는 지금처럼 높은 시가총액은 아니었다. 내가 주식을 시작한 날 카카오는 액면 분할하기 전 대비 주가 173000원이었고 액면 분할 후 주가로 보면 35000원도 안 하는 가격이었다. 놀랍게도 5개로 쪼갠 카카오의 주가는 내가 처음 본 주가와 같은 173000원이었고 이해하기 쉽게 말하자면 만약 내가 주식에 투자한 날 카카오를 사고 만약 최고점에서 팔았다면 5배의 수익을 냈을 것이다. 하지만 어디까지 결과론적인 이야기다. 저점에서 사서 고점에서 팔 수 있는 능력이 있었더라면 이미 난 부자가 되었을 것이다.

개인적인 생각으로는 내 인생 나름 첫 가치투자를 한 곳이 카카오라고 생각한다. 꾸준히 늘어나는 매출과 영업이익 그리고 많은 사업의 확장, 앞으로의 기대감도 포함을 시키니 성장 가능성은 무궁무진하다는 생각이 들어 정말 좋을 거 같다고 생각했다. 무엇보다 안정적인 부채비율과 높은 유보율을 자랑하기에 쉽게 무너지지도 않을 거라 생각했다. 만약 처음 주식을 카카오로 시작했으면 좋았겠지만 뭐 뭐든지 인기가 없을 때는 눈이 잘 안 가는 거처럼 그다지 매력이 있다 생각하지 않았었다. 다만 인기가 많아지니 그제야 매수를 하는 것이 일반 개미의 특성이기에 그냥 이런 나의 운명을 받아들이기로 했다.

두산중공업을 매수했을 당시 돈이 조금 남아 있었다. 원래는 가치투자에 더 큰 액수를 넣고 단타를 남은 소액으로 했어야 했는데 정확히 반대로 주식을 하였다. 그게 진정한 잘못된 주식투자법이다. 지금의 내가 그때를 생각하면 참 한심하다. 그래도 주식을 한동안 하지 않았던 4개월이라는 시간 동안 돈도 많이 모았고 모은 돈도 슬슬 불려야겠다 싶은 마음이 정말 컸기에 현금을 거의 남기지 않고 남은 돈은 다 먹은 밥그릇 밥풀 모으듯 싹싹 긁어모았다.

그렇게 카카오를 처음 매수한 금액은 411000원이었다. 한번에 24주를. 그렇게 모은 돈으로 1000만 원을 만들고 한번에 매수했다. 사실 전에 SK케미칼로 단타를 쳤을 당시에 카카오 주식을 유심히 보고 있었다. 그때 당시 주가는 20만 원을 조금 넘은 상태였고 그때도 많이 올랐다는 생각에 관심은 있었으나 매수하진 않았다. 하지만 두 배가 넘어선 시점에도 매수한 이유는 지금이라도 타야 할 거 같은 강한 확신이 있었다. 하지만 실질적인 근거보단 느낌적인 확신이었기에 그렇게 좋은 투자법은 아니었다. 좀만 어긋나도 거의 투기에 가까운 매수법이긴 했다. 주식에선 근거 없는 믿음이 위험한 행동이라고 생각한다. 그래도 나름 가치투자답게 조금씩 월급이 남을 때마다 차곡차곡 모아서 1주, 2주씩 모아가고 있었다. 1주당 가격이 40만 원을 넘겼으니 한 달에 1주, 2주씩만 꾸준히 샀음에도 꽤 많은 돈이 모였다. 402000원 2주, 347000원에 1주, 341000원 1주, 341000원 2주 눈치가 빠르신 분들은 이미 보였겠지만. 맞다. 카카오는 내가 산 후로 주가가 많이 내려갔다. 처음 샀을 때 기준 20% 가까이 떨어진 카카오를 보면 나름대로 가치투자라 믿었던 나의 마음에도 상처가 깊어져 가고 나름 공부했다고 생각했던 나이기에 실망감도 큰 건 사실이었다. 아무래도 단타를 주로 해 오던 나였기에 장기간 주식을 하기에는 쉽지 않았었다. 주가가 오르지 않아 아쉽긴 하지만 물린 건 물린 거고 나에게 선택은 꼭 잡고 매달리는 존버밖에 없었다.

LG화학을 퇴사한 건 2020년 10월 20일이었다. 새로운 해를 맞이하거나 앞으로의 새로운 출발을 할 때 풍경 좋고 걷기 좋은 곳을 가서 도보여행하는 나만의 루틴이 있다. 국토대장정까지는 아니고 백팩에 갈아입을 옷을 넣고 편의점에서 군것질거리를 여러 개 사서 온종일 걷는 걸 좋아한다. 힘이 들어서 모든 체력이 빠지고 생각나는 것이 정말 냉정하고 좋은 거 같다.

그리고 나에게 있어도 나름 그게 일반적으로 생각했을 때에 비해 확률도 좋았기에 자주 도보여행을 간다. 이제 갓 퇴사를 한 사회초년생에게 미래는 너무 어두웠다. 그때도 이제 새로운 일자리를 찾아야 했기에 대학교 때 아주 친하게 지내던 친한 동생과 함께 부여에서 공주로 가는 도보여행을 했다. 여행을 간 날이 금요일이기에 진정한 백수가 된 나는 정말 아쉬웠다. 내일부터 이틀 동안 주식시장이 닫는다니. 오늘 하루 오후 3시 30분까지 하얗게 불태워 본다는 마음을 가지고 여행을 시작했다. 주식을 쉬는 주말을 이렇게 맞이할 수가 없어 보조배터리를 두 개나 챙겨서 걸으면서 주식 창을 수시로 확인하였다. 이때 풍경도 풍경이지만 주식 창이 더 빨개질수록 내 마음속 노을은 더 진해져만 갔다. 하지만 하늘도 나보고 도보여행까지 가서 핸드폰만 보는 게 한심하게 느껴졌는지 파란 물결이 주식 창을 덮쳤다. 나와 비슷한 고점에서 매수하신 분들은 액수가 많았기에 곡소리를 사방에서 많이 내셨고 오픈채팅방뿐만 아니라 지인분들 중에서도 카카오를 매수하신 분들이 많이 계셨는데 힘들단 이야기를 자주 들을 수 있었다. 이때 슬슬 더 매수해도 될 거 같다는 생각이 들었다. 그래서 330000원에 조금 남은 내 돈으로 3주를 더 사게 되었다. 100만 원이 없다고 인생이 크게 바뀌지는 않지만 그때 당시 백수의 길을 걷기 시작한 나였기에 100만 원은 정말 나에게 큰돈이었다. 그게 카카오 마지막 매수였고 돈이 남을 때마다 꾸준히 모으던 카카오 주식의 최종 평균 매수 단가는 383850원이 되었고 주식 수는 총 47주가 되었다. 약 1800만 원 정도 되는 금액이었다. 돈이 생길 때마다 1주, 2주씩 샀는데 꽤 큰 액수가 되었다. 티끌 모아 태산이 된 거 같아 기분이 매우 좋았다. 단 더 떨어지면 기분은 그만큼 더 안 좋아 질 거라는 생각도 물론 같이 들었다. 동생과의 도보여행을 끝내고 청주로 돌아오는 버스에서 수많은 생각을 했다. '카카오 이러다 앞으로 더 떨어지는 건 아니겠지? 그래도 상장폐지는 안 하겠지. 카카오인데.'라는 생각도 많이 했고 평일에는 주식에 모든 신경을 집중했으니 주식이 쉬는 주말만큼은 푹 좀 쉬자는 마음으로 터미널에 도착했다. 동생 어머님께서 우리를 데리러 와 주셨고 동생 어머님이 부동산을 운영하고 계시는데 요즘 주식에도 관심이 있으시다고 말씀을 하셨다. 그때 동생은 어머님께 이 형 주식 중독처럼 하는 형이라고 말을 하였고 어머님은 나에게 어떤 종목을 추천해 주고 싶냐고 말씀하셨다. 어머님께 주식은 남의 추천보다는 본인이 충분한 공부를 한 뒤에 투자하는 게 맞다고 정중히 말씀드렸고 만약 굳이 하나를 추천해야 한다면 지금은 카카오를 추천해드리고 싶다고 말씀드렸다. 지금이 개인적인 생각에는 저점에 근접한 것과 미래 확장성이나 성장 가능성이 무궁무진한 회사라고 이야기하였고 어머님도 관심을 가지시고 월요일 날 매수를 해야겠다고 말씀하셨다. 놀랍게도 정말 그때가 저점 부근이 맞았고 내 주식만 매수 타이밍을 잘 못 맞출 뿐 매수 후 가격이 많이 내려서 지지를 할 때 누군가에게 나 이 종목 때문에 힘들다고 말을 하면 그게 매수신호. 10월 30일에 33만 원 하던 카카오가 5개로 쪼개지는 액면분할을 하더니 해가 변해 2021년 6월 24일에는 액면 분할 전 환산으로 최고점인 865000원을 기록하였다. 그리고 역시 단타쟁이답게 가치투자를 하자고 다짐의 다짐을 했던 나는 흔들리는 차트 속에 고점으로 가는 버스에서 시동 막 걸고 한 정거장 지났나 고점행 버스인 줄도 모르고 후다닥 벨을 누르고 누구보다 빠른 하차를 했다. 도보 여행 당시 내 카카오 이야기를 들었던 동생 어머님은 결국 카카오 매수를 하지 않으셨다. 시간이 흐른 뒤에 그때 매수할 걸 후회하시는 이야기를 들을 수 있었다.

바닥을 찍고 카카오는 천천히 아주 천천히 상승하고 있었다. 그러다 보니 어느새 평균 매수 단가 부근을 넘어 잔잔하게 조금 플러스로 계좌가 보일 듯 말 듯 주식 계좌에는 파란불과 빨간불이 왔다 갔다 반복하고 있었을 때였다. 내가 카카오를 매도 한 것은 2021년 1월 8일 금요일이다.

주식에 투자하는 사람들에게 관심이 많은 날이었다. 코스피가 무려 3100 돌파의 갈림길에 있었다. 다음 날이 주말이니 작은아빠께서 저녁에 고기에 소주 한 잔 먹자고 하셨다. 연락받았을 때 당시 여자친구 집인 송도에 있었기에 청주로 내려갈 준비를 하려고 하는데 아주 조금이긴 하지만 이미 수익권이었기에 장 연 것만 보고 씻자는 생각을 가지고 있었다. 근데 이게 무슨일이던가. 장이 열린 지 얼마 지나지 않아 주가가 많이 올라가기 시작하였고 흥분한 나는 이성의 끈을 놓아 버린 채 이거 이렇게 되면 다 팔고 씻어야 하나 생각을 하였고 이 생각을 하는와중에도 카카오의 주가는 내려갈지 모르고 상승만을 향해 달려가고 있었다. 그렇게 카카오의 연이은 상승을 하던 사이 지금준비 안 하면 예매한 버스를 못 탈 거 같다는 생각에 카카오 주식을 407500원에 전부 매도하게 되었다. 수익은 110만 원 정도가 되었다. 비록 고점에서 산 카카오였지만 물도 이쁘게 잘 타고 차곡차곡해서 100만 원의 수익도 내고 뿌듯한 마음으로 이제 카카오와도 좋은 이별을 했으니 맘 편히 씻어볼까 하는 생각에 씻고 신난 마음으로 콧노래를 흥얼거리며 준비하던 중 주식어플을 킨 나는 카카오와 좋은 이별이 아닌 최악의 이별이었던걸 알 수 있었다. 나름 고점이라 생각해서 매도한 카카오 주가는 그날의 저점 부근이었고 코스피 3100의 돌파와 함께 외인과기관들의 엄청난 매수로 카카오는 결국 급등을 하게 되었다. 샤워하고 준비하는 와중에도 계속 오르고 있었던 것이었다. 오픈채팅방을 나가지 않은 상황이었기에 잠깐의 준비시간 동안 엄청난 메시지의 양과 다들 영차를 외치고 있었고 출발하려고 시동을 건 버스에서 후다닥 내려 버린 것이다. 그때 진정은 가라앉지를 않았다. 내가 맘 고생하고 열심히 모아서 추가 매수하고 그랬는데 카카오가 이럴 리가 없다는 식으로 흥분을 가라앉히지 못했고 결국 해서는 안 되는 실시간 인기 종목 단타를 한 것이다. 사실 500만 원어치만 사려고 했는데 흥분을 한 나머지 전액 매수 버튼이 눌려 있는지 모르고 그대로 카카오 원금 1800만 원, 수익 100만 원 그리고 남아 있던 돈 조금 해서 그렇게 총 약 2천 5백만 원의 돈이 급등하는 종목에 매수하게 되었고 뭔 생각이었는지 모르겠으나 전액 매수한 것을 보고도 이것 또한 운명이라는 생각에 난 받아들이자는 마음으로 주식 수를 줄이지 않았다. 그 종목에 대해서는 바로 다음에 이야기하겠다.

그렇게 주식 시장이 끝나고 카카오의 종가는 전날 대비 7% 상승한 434000원에 장을 마감하였다. 만약 그때 팔지 않고 가만히 있었더라면 수익은 230만 원이 되었을 것이다. 하지만 어디까지나 결과론적인 이야기이기도 하다. 그래도 그때 당시의 기분은 참 묘했다. '이게 돈을 번 거야 잃은 거야?'를 수만 번도 더 생각한 금요일이 되었다.

그렇게 2021년 카카오의 매수 이야기는 막을 내렸다. 그러고 나서 카카오는 액면 분할 후 173000원까지 올라가는 일이 발생하였다. 액면 분할하기 전 가격은 865000원으로 38만 원에 그냥 가지고 있었으면 3배 가까운 수익을 냈을 것이다. 하지만 이 것도 어디까지 결과론적인 이야기다. 난 주식에 대한 가치 평가도 잘하지 못해서 분명 10% 올랐을 때 모두 팔고 그 돈을 다 썼을 것이다.

그래도 나에게 수익을 안겨 준 카카오를 2022년도가 11월에 도착했을 때 또 한 번 매수한 적이 있다. 대한민국에 카카오 붐이 일어났던 2021년 여름과는 달리 지금은 주가가 많이 하락한 상태이다. 173000원으로 높은 주가와 높은 시가총액을 자랑하던 카카오는 언제 그랬냐는 듯 46500원까지 가격이 내려온 상태였다. 시가총액 순위도 많이 낮아졌다.

주식을 하면서 개인적으로 좋아하는 매매법이 인간 심리 매매법이다. 즉 곡소리 매매법이다. 그 어떤 차트와 거래량보다 이게 정확성이 가장 높지 않나라는 생각이 든다. 특히 주식에 별 관심이 없거나 누가 돈을 벌었다고 하는 사람이 주식 이야기를 하게 되면 확률은 더 올라간다고 생각한다.

카카오가 정상에서 내려오던 중 횡보를 하면서 10만 원대 부근에서 바닥을 다지는 모양의 차트를 만들더니 급등한 적이 있다. 그때 누나 친구분이 돈을 버셨다고 하는데 그래서 주식을 아무것도 모르는 친누나가 나한테 카카오 지금 사도 되냐고 카카오톡으로 물어보았다. 뭐 워낙 소액을 살 거 같아서 "누나 지금 나한테 연락 뭐로 해?"라는 이야기를 하였고 "카카오톡."이라는 누나 말에 "뭐가 문젠데?"라는 말을 시크하게 하였고 누난 나의 말에 신뢰했는지 바로 주식을 실시간으로 매수하였다. 동생에게 신뢰를 보여 준 누나의 카카오는 11만 원대에 진입한 결과 빨간색을 한 번도 보지 못한 채 얼마 지나지 않아 누나의 주식은 반토막이 났다. 그래도 다행인 것은 소액이기에 누나가 그렇게 신경을 잘 안 쓴 거 같긴 하다. 지금도 그렇다. 그러던 어느 날 시간이 지나 2022년 11월 8일 새벽에 일어났더니 누나가 전날 밤에 지금이라도 카카오 팔아야 하는 거 아니냐는 연락이 와있었다. 누나가 심리적으로 불안한 거 같아 걱정도 됐지만 한 편으로는 이제 저점에 다 와 가는구나 생각했던 나는 전세에 돈이 묶여 있고 쓸 돈은 또 있어야 하니 속는 셈 치고 통장에 저축해 놓은 돈 중에서 일부인 돈에 해당하는 20주만 딱 사보자고 생각했다. 그래서 아침부터 주식 계좌에 돈을 옮기는 일을 했다. 장 시작 후 몇 분 지나지 않아 매수하였다. 그때의 카카오 평균 매수 단가는 50400원이었다. 그리고 시간이 얼마 지나지 않아 11월 11일 15%나 상승하게 된다. 사람들이 빼빼로를 다 기프티콘으로 보낸 건가 생각했지만 많은 개미가 겁에 질려 매도할 때 외인과 기관이 매집하고 있었다. 공포에 질린 개미 물량을 그대로 사들인 것이다. 이게 보통 주가가 우하향하다 상승 직전 바닥에서 많이 볼 수 있는 현상이다. 그래서 난 58200원에 10주를 더 매수하게 된다. 그리고 좀 더 지켜보자는 식으로 기다리는데 11월 15일이 부모님 결혼기념일이어서 선물도 사드리고 해야 하니 이쯤 하면 됐다고 생각하고 전량 매도하자는 마음으로 58100원에 30주를 매도하게 되었다. 수익은 15만 원 정도이고 짧은 시간에 높은 수익률을 기록했다는 생각이 든다. 그래서 누나에게 이제부터 카카오 팔고 싶을 때마다 연락을 달라 농담했고 이번에도 곡소리 매매법은 배신하지 않는다는 것을 다시 한번 깨달았다.

카카오라는 정말 좋은 주식을 가지고 있었음에도 흔들리는 그래프의 변동을 견디지 못하고 더 흔들리는 내 마음 때문에 올바른 가치투자가 되지는 않았다. 수익이 난 부분도 물론 좋지만 조금 더 차분했으면 어떨까 하는 생각이 든다. 역시 주식은 쉽지 않고 어떤 종목, 어떤 시점에서 주식을 사고팔든 주식은 희로애락 그 자체다.

누나 또 연락해 줘. 그때는 영끌 해 볼게.

사과 마크는 못 참지

: 현대차우(005385)

앞에서 말했듯이 1월 8일 수익을 안겨 주었지만 그리고 배신을 하듯 급등을 한 카카오를 보며 혼자 삐져서 씩씩대고 있었다. 매도를 한 후 준비하고 터미널로 가는 지하철 안에서도 핸드폰에서 손을 놓지 않고 오로지 주식 어플만 바라보았다. 마치 나만 떼 놓고 계속 올라가는 기분이 들어 배가 너무 아팠다. 제발 떨어져라 떨어져라 다시 한번 매수할 수 있기를 속으로 외쳤지만 그런 나를 비웃기라도 하는 듯 빨간 양봉이 메롱 메롱 거리며 상승을 멈출 줄 모르고 있었다. 뭔가 지금이라도 카카오를 다시 들어가자니 왠지 또 내가 사자마자 고점이 되어 바로 내릴 거 같아서 다른 종목 탐색을 하고 있었다.

역시 단기로 투자하는 사람들은 주식 계좌에 돈이 남아 있는 꼴을 못 본다. 실시간 검색을 쭉 봤는데 가장 높은 상단에 현대차와 현대차우가 있었다. 이런 우량주가 오를 땐 분명 엄청난 호재가 있겠지만 지금 나에게 그럴 기사도 볼 시간이 너무 아까워서 우선 매수의 갈림길에 섰다. '그래, 날뛰는 말에 타올라 보자. 카카오에서 더 수익 낼 수 있었던 만큼은 아니 이왕 단기 매매를 하는 거 딱 100만 원만 수익 내고 나오자.'라는 마음을 가지고 흥분을 가라앉히지 못한 채 주식 계좌에 있던 2500만 원을 한번에 매수하게 되었다. 내가 선택한 종목은 현대차 본주가 아닌 우선주였다. 그 이유는 간단했다. 송도에 친척 형이 살고 있는데 여자친구가 출근하고 형이 시간 될 때 같이 밥을 먹은 적이 있었다. 그때 당시 증시가 미친 듯이 오를 때라 어딜 가든 대화 주제는 주식이었다. 형은 주식을 오래전부터 해왔고 그러다 보니 나에 비해 엄청난 내공이 쌓인 개미였다. 형이 우선주가 있는 종목이면 우선주를 택하는 게 좋다고 이야기하였다. 그 이유는 본주에 비해 거래량도 적기도 하고 주식 수도 더 적기에 이슈가 있을 시 급등락 폭이 더 크다고 이야기하였다. 그래서 이슈를 타고 있는 주식 중에서도 우선주를 택하게 되었다. 형이 말한 것을 기억한 나는 차트를 보니 정말이었다. 우선주가 본주보다 많이 오르고 있었다. '역시 형은 주식 고수구나.'라고 생각했다. 그렇게 달리는 말에 내 모든 것을 건 나는 매수 후에야 기사를 찾아보기 시작했다. 그날 현대차가 오른 이유는 바로 우리가 좋아하는 사과에 대한 이슈였다. 애플 자율 주행 공동 개발 소식에 주가가 급등하였으나 아직 확실히 결정된 바는 없었다고 전해졌다. 이날 현대차의 시가총액 순위는 10위에서 장중 5위를 기록하게 되었다. 주식아 제발 올라가자 기도를 해왔고 그 와중에 카카오 주식도 곁눈질로 같이 봤지만 올라가는 건 내가 매도했던 카카오뿐. 내가 매수한 현대차우는 내가 산 평균 매수 단가보다 3%가 빠진 채 장이 마감하게 되었다. 친척 형의 말대로 우선주는 역시 본주보다 급등만 더 하는 게 아니라 급락도 더 크게 한다고 했는데 그 말도 정확히 맞았다. 이게 뭔 상황인가 했다. 장 마감 기준 손실은 75만 원 정도가 되었고 만약 내가 현대차우가 아닌 카카오를 매수했으면 70만 원 정도의 수익이 나는 거였다. 이게 운명의 장난인가. 현대차우 매수도 하지 말았어야 하나라는 생각이 강하게 들면서 온종일 뭐한 거지 생각하며 멍을 때리기 시작했다. 하지만 정신의 끈을 다시 잡았을 땐 이미 늦어버렸다. 그 상태로 버스를 탔으니 속이 좋을 리가 없다. 그렇게 작은아빠네 도착해서 사촌 동생과 이야기했는데 그게 뭐 하는 거냐고 물어보았고 나도 모른다고 이야기하였다. 단타에 중독이 되면 정말 그날 뭐 했는지 내가 뭘 했는지 기억이 안 날 때가 있다. 심장이 요동치고 화도 나고 기쁘고 참 대단한 거 같다.

그렇게 작은아빠와 만나서 사촌 동생들과 삼겹살에 소주를 한 잔했는데 장이 끝난 와중에도 머릿속에서 카카오가 떠나질 않았다. 작은아빠도 주식을 하시기에 오늘 있었던 이야기를 했더니 "그렇게 좋은 카카오를 왜 팔았어! 바보야? 현대차보다는 카카오지."라는 말씀을 하셨고 그런 작은아빠의 말을 들은 나는 주식에 대한 자신감도 떨어지고 이런저런 생각이 많아졌다. '진짜 그만해야 하나.'라는 생각을 가지며 식사하는데 신경을 많이 써서 그런지 그대로 체하게 되어 고기가 잘 넘어가지를 않았다. 하지만 그 와중에도 술은 잘 넘어갔다. 그리고 주량을 넘긴 와중에도 절대 취하지 않았다. 이게 주식 단타 물림이 주는 큰 선물인 거 같다. 그 어떤 숙취해소제보다 효과가 좋았다. 그렇게 식사를 마치고 작은아빠네 집에 도착한 나는 누워서 현대차의 종목토론방과 관련 기사를 찾아보았고 장이 끝난 금요일 저녁 6시 이후부터 애플과 결정된 이야기가 없다는 부정적인 기사가 마구 쏟아져 나오기 시작하였고 난 그걸 확인하고 나서야 모든 게 잘못됐다는 생각에 잠이 들었다.

그렇게 토요일과 일요일은 정말 무기력하게 지나갔다. 여자친구와 약속도 없고 별다른 약속이 없었기에 아무것도 하지 않기로 마음을 먹었고 무엇을 할 힘조차 없었다. 주말 내내 하루에 한 끼를 먹었고 현대차우 주가는 월요일 하락이 불가피하다고 생각했다. 시간은 또 왜 이렇게 안 가는지 답답하기만 했고 하마터면 금감원에 전화해서 주식 토요일, 일요일도 하면 안 되냐고 건의라도 할 뻔했다. 그렇게 기다리고 기다리던 월요일 아침. 전날 밤 여느 때와는 다르게 긴장한 상태로 잠을 자서 그런지 새벽 늦게 잠을 잤음에도 불구하고 아침 일찍 일어날 수 있었다. 새벽에 별다른 뉴스는 없었으나 예상가가 나오기 직전 애플카와 협력 가능성에 대한 이야기가 다시 언급되면서 예상가에서 상한가를 기록하게 되었다. '에이 설마. 물량이 없어서 그런 거겠지. 너무 기대하지 말자.'라며 생각했지만 속으로는 기대를 엄청나게 했던 거 같다. 그렇게 장이 시작되고 내가 그땐 백수였기에 장초에도 주식을 볼 수 있다는 가장 큰 장점이 있었다. 장 시작과 동시에 현대차우는 주말 내내 우울하며 더 떨어질 거라 믿었던 나에게 '자네, 나 못 믿는가. 나 현대차일세.'와 같은 속삭임을 하듯 상한가 한 틱 부족한 135000원까지 급등하게 되었고 난 그때 상한가까지 못 올라가고 거래량이 하락하는 것을 확인하고 결국 128000원에 전부 매도를 할 수 있었다. 금요일 매수한 금액 기준 수익은 18%가 났고 수익금은 450만 원이 났다. 그리고 더 갈 수 있다는 마음에 수익을 제외한 2500만 원어치 많은 물량을 한번에 매수하게 되었고 수익은 고스란히 이틀 후 통장 잔고로 옮겼다. 월요일 장이 마감 후 작은아빠가 회사 근무 시간에 전화가 왔다. 당연히 현대차우 팔았냐며 물어보았고 월요일 급등한 현대차우를 보며 조카가 잘 팔았는지 그게 내심 걱정이 되었나 보다. 난 나름 비장하게 "이따 집에서 이야기하자."라며 그때 신난 기분을 어떻게든 눌러보려고 정말 애썼던 거 같다. 작은아빠가 퇴근 후 집에 들어왔고 얹혀사는 나였기에 작은아빠에게 돈 봉투로 그날 수익을 냈다는 것을 증명하였다. 작은아빠와 회를 시켜서 집에서 소주 한잔하는데 그날 있었던 이야기를 안주 삼아 술잔을 부딪쳤다. 그 이야기는 마치 할아버지가 손주에게 해 주는 전래동화 느낌이었다. 흥미진진 그 자체였다. 그때 나의 현대차우 수익 이야기가 회보다 더 맛있는 안주였다. 수익이 얼마 났냐고 물어보는 작은아빠의 대답에 450만 원 정도 벌었다고 이야기했고 가서 돈 더 뽑아서 더 달라고 했다. 이게 뭐냐고. 나중에도 수익이 나면 그때 또 드린다고 약속했다.

카카오에서 좋은 이별인 줄 알았다가 다시 안 좋은 이별이 되었다가 카카오를 모두 잊게 해 준 현대차우의 주가는 그 뒤로 중력의 법칙처럼 수직 낙하를 하게 되었다. 자이로드롭과 매우 흡사하였다.

그때가 최고점이었다. 지금까지도 마찬가지다. 그 이유는 우선 애플이 현대차뿐만 아니라 전 세계 유명한 자동차 회사들과 협력 가능성을 보여 주며 현대차와 애플의 협력 가능성이 점점 떨어지는 1차적인 악재와 2차적인 악재는 2월 초에 현대차 주가조작 의혹이 뉴스 메인으로 나오면서 시작이 되었다. 현대차는 1월 초 급등한 주가에 대해 현재 애플카와 협의는 없다는 이야기를 내놨고 한 달 사이에 시가총액이 13조 5000억이 증발하였는데 이 와중에 현대차 그룹 임원들은 자사주 매도를 하였고 평균 수익률이 50% 정도였는데 1월 초 급등으로 인해 300% 이상 수익이 났다는 것을 고려하여 한국거래소는 현대차 주식 이상 거래 여부를 모니터링하기로 하였다고 전했다. 그래서 그때 나온 기사는 임원분들이 꾸민 이야기라는 이야기가 나올 정도로 매우 혼란스러운 일이었다. 그 일을 계기로 주가는 내 평균 매수 단가보다 한참 밑인 10만 원까지 지옥에서 잡아당기기라도 하듯 쭉 밀리게 되었다. 이걸 지금이라도 팔아야 하나 생각이 들었지만 이미 상태는 늦었다는 것을 깨달았다.

　마이너스가 생각보다 너무 커져서 지금 팔게 되면 현대차우로 벌었던 수익과 카카오로 벌었던 수익을 모두 뱉어야 한다는 점을 깨닫고 그래도 내가 물린 종목이 현대차라는 것과 현대차우의 장점인 배당을 살려 한번 버텨 보자고 마음을 먹었다. 절대 현대차라는 회사가 쉽게 망할 거란 생각을 하지 않았다. 대한민국에서 지나다니는 대부분의 차가 현대 기아라는 점과 미래 주목받는 전기차산업과 그리고 전 세계에서 주목하고 자랑스러운 친환경 수소차까지 미래에 좋은 방향으로 갈 거라는 생각이 들었고 매출액과 영업이익이 꾸준히 늘어남도 매우 긍정적으로 보이게 되었다. 그래서 나는 돈이 생길 때마다 과거에 했던 카카오처럼 현대차우를 꾸준히 매수하자는 마음을 먹게 되었다. 백수 생활이 끝나고 돈을 벌기 위해 HK이노엔이라는 제약 회사에 입사하게 되었다. 10만 원 부근에서 현대차우를 쉬지 않고 다양한 가격에서 모아가기 작전을 했다. 예전 카카오에서 했던 적립식 매수법을 월급이 들어오면 사고 또 용돈에서 돈이 남으면 사고 또 다음 날 월급이 들어오면 사고 그런 매수를 통해 지금은 초기에 들어간 금액보다 두 배 많은 금액이 들어가 있다. 현재 현대차우의 최종 평균 매수 단가는 109570원이고 465주를 보유하고 있다. 약 5100만 원 정도의 금액이며 마이너스는 800만 원 정도를 유지하고 있다. 10만 원을 지지하기에 여기가 저점인가 생각했던 나의 추가 매수는 정확히 빗나갔고 주가는 9만 원, 8만 원대를 지나 한때는 7만 원대까지 추락했었다. 현재는 현대차우를 더 이상 추가 매수하지 않고 있다. 그 이유는 5100만 원의 큰 액수 때문에 물을 탄다고 가정을 해도 평균 매수 단가가 크게 하락하지 않는다는 점을 고려해 현대차우가 아닌 다른 배당주를 찾아 여러 종목을 매수하고 있다. 만약 계속 돈이 현대차우에 묶여 있다면 돈이 급하게 필요할 때 현금 수급에 차질이 생기지 않을까 하는 생각이 들었다.

내가 사랑하던 주식에게 상처받고 현대차우에 단타로 들어가 위로받으려고 했던 나는 주식에 물리고 공부를 하면서 배당의 맛을 알아 버렸다. 배당이라는 단어만 알았지 잘 몰랐던 나이기에 '물려 있는데도 돈을 준다고?'라고 생각한 나는 물린 거에 대한 보상인가 싶었다. 내가 현대차우를 매수한 이유는 배당이 아닌 카카오에게 배신당한 그날의 급등주였기에 들어가긴 했지만 현대차우는 우리나라에서 알아주는 기술 배당주 중 하나였고 현대차는 배당을 반기 배당으로 진행하는데 6월에 중간 배당, 12월에 결산 배당을 진행하는 중이다. 내가 사기 전 중간 배당은 1000원 그리고 결산 배당을 꾸준히 3050원을 유지하고 있었다. 안정적인 배당주로 자리 잡으면서 기술주로써의 주가 상승 여력과 꾸준한 배당으로 인해 주식의 두 마리 토끼를 다 잡을 수 있는 현대차우는 인기가 많은 편에 속한다.

현대차우를 샀을 당시인 2019년 1월 8일의 매수는 매년 말일에 배당권리가 생기는 것을 고려하면 아쉽게도 며칠 차이로 20년 결산 배당은 받지 못했다. 하지만 21년 6월에 중간 배당으로 1주당 1000원을 받았고 생각보다 큰 금액이었다. 갑자기 공짜로 돈이 들어온 거 같기도 하고 물려 있는 나에게는 한 줄기 빛과도 같았다. 난 다시 그 돈으로 현대차우를 추가 매수하였다. 그리고 주식은 여전히 물려 있었으나 2021년 결산 배당은 작년보다 1000원 높은 4050원이 확정되었다. 2021년 마지막 배당권리를 받을 수 있는 날의 주가는 10만 원대였으며 이때 매수했으면 약 5%의 연 배당을 받을 수 있는 상황이었다. 추가 매수를 꾸준히 해온 나도 비록 5%까지는 아니지만 그래도 나름 괜찮은 배당 수익을 보여 주었다. 그리고 주가는 더 내려가기는 했지만 떨어지는 상황 속에서도 2022년 6월 중간 배당을 받을 수 있었다. 작년과 같은 1000원이었고 그리고 결산 배당 때는 현대차의 역대 최고의 매출과 영업이익을 기록하면서 주주분들께 배당 성향을 강화하겠다는 점을 고려하여 결산 배당만 6050원이라는 엄청난 배당을 보여 주었다. 이렇게 되면 배당권리를 받는 날 현대차우 매수를 했다는 가정하에 연 7.6%의 배당을 받을 수 있게 되는 것이다. 놀랍게도 여기서 7.6%는 결산 배당만 했을 때다. 6월에 나온 중간 배당까지 합한다면 무려 9%에 가까운 배당금이 들어오는 것이다.

현재 현대차우로만 받는 1년 배당금이 내 월급보다 많이 들어온다. 비록 현재는 마이너스 800만 원이지만 전에 냈던 수익과 이제까지 받은 배당금을 고려하면 이미 플러스권이다. 충분히 매도하고 다른 종목을 살 수도 있지만 매우 안정적이며 꾸준히 배당을 주는 종목을 내팽개칠 필요는 없다고 생각한다. 여러 좋은 이유 때문에 내 상황에서는 돈이 급하게 필요한 거 아닌 이상 굳이 현대차우를 매도할 이유는 없다고 생각한다. 주주 친화적인 성향도 강하고 매년 늘어나는 매출과 영업이익을 주주들에게 나눠 주기 때문이다.

현대차가 세계에서 최고 좋은 회사라고 하기에는 확신이 들지 않지만 대부분의 회사들이 현대차보다 좋지 않은 건 사실이다.

남들이 사회초년생 시절 현대차 사서 타고 다닐 때 나는 그 돈으로 현대차 주식 사서 나중에 벤츠 타야지. 차는 역시 벤츠지.

내 인생 처음이자 마지막일 회사 상장 우리사주

: HK이노엔(195940)

사실 신풍제약의 주주를 한 뒤로부터 바이오 주식을 매수하는 것에 대해 겁을 먹었었다. 주유소 세차장보다 많이 낀 거품 시가총액과 하루에도 엄청난 변동성을 보여 주며 내가 여러 번 지킬과 하이드로 왔다 갔다 하는 것이 가장 큰 이유였다. 코로나 이슈로 이미 많이 오른 것도 있었고 영업이익에 비해 높은 시가총액과 현재보다는 미래산업으로 선반영이 된 경우가 정말 많지 않았나 싶었다. 그래서 나의 성향과 맞지 않아 신풍제약을 마지막으로 바이오주는 건드리면 안 되겠다는 마음을 먹었다. 하지만 상장되는 바이오 종목을 우리사주로 받아 공모가에만 살 수 있다면 비교적 괜찮지 않을까라는 생각에 매수하게 되었고 그렇게 인간은 똑같은 실수를 반복한다는 것과 역시 주식은 생각하는 대로 돌아가지 않는다는 것을 깨달았다.

다니던 LG화학의 계약 기간 만료로 2020년 10월 백수가 된 나는 다음 해인 2021년 4월까지 실업급여가 나오는 백수가 되었다. 2월까지는 정말 좋았다. 돈을 벌지 않고도 한 달에 한 번 월급과 가까운 금액이 숨만 쉬어도 따박따박 내 통장에 들어오니. 이래서 사람들이 건물주가 되고 싶은 거 아닐까 하는 생각이 들었다. 하지만 이 행복도 딱 2월까지였다. 그 후로는 취업 걱정밖에 없었기 때문이다. 취업에 대한 압박감이 정말 심했다. 첫 직장이 아니고 두 번째 직장이다 보니 정말 신중하기도 했고 겁도 나기도 했다. 그리고 LG화학을 다니던 아들의 모습이 있던 부모님이기에 대기업에 들어갈 기대감이 나름 있었나 보다. 그렇게 본격적으로 구직 활동하던 나는 3월 말에 최종 합격하여 HK이노엔이라는 회사에 입사하게 된다. 만약 누군가가 HK이노엔에서 뭘 하냐고 물어본다면 난 한 단어로 '컨디션'이라고 말할 것이다. 컨디션이 대표적으로 많은 사람들이 알고 있는 제품이다. HK이노엔은 각종 의약품을 만드는 제약 회사인데 제약 회사 업종 내에서도 규모는 꽤 큰 편에 속한다. 부모님은 20대 후반 아들의 모습을 보면서 그래도 나름 큰 회사에 취업했다는 것을 매우 좋아하셨다. HK이노엔에 입사한 이유야 여러 가지가 있지만 그중에서는 우리사주에 대한 것도 있었다. HK이노엔은 입사하기 전부터 2021년에 상장을 목표로 운행 중이었고 코스피에 상장하냐 코스닥에 상장하냐 중요한 갈림길에 서 있었다. 그 결과 용의 꼬리가 되는 것보단 뱀의 머리가 되는 게 낫다는 판단이라도 든 듯 결국 코스피가 아닌 코스닥에 상장하게 되었다.

평소에 주식을 좋아하는 나였기에 우리사주 관련된 대출도 분명 나올 것이라는 생각이 들어 만약 나에게도 기회가 온다면 한번 매수가 가능한 만큼은 사야겠다는 생각이 들었다. 하지만 입사 후 회사에서 올해 입사자는 해당이 안 될 수도 있다는 이야기가 돌고 있었다. 그렇게 입사 날이 되어 처음 출근한 나는 동기들과 함께 신입생 환영회를 갔다. 환영회에서도 가장 큰 대화 주제는 역시 우리사주였다. 작년까지만 해도 상장하는 우리사주에 대한 좋은 예가 많았던 시기기에 내 동기들은 기대를 할 수밖에 없었다. 아직 우리에게 우리사주 매수할 권리를 줄지 안 줄지도 회사에서 결정된 것도 없었는데 우리는 언제 팔지라는 걱정을 하고 있었다. 김칫국을 항아리째 마셨던 거 같다. 그렇게 시간이 흘러 8월 9일에 상장한다는 뉴스가 나오고 다행히 우리 동기들을 막차라도 태워주듯 마지막으로 우리사주를 받을 권리를 주도록 회사에서 결정하였다. 우리는 환호를 하였고 신입사원이 회사에 근무한 기간이 가장 적었기에 가장 적은 금액을 매수할 수 있었다. 신입 기준 인당 매수 가능 금액은 약 2500만 원 정도도 되었다. 생각보다 우리사주를 신청하지 않은 사람들이 많았다. 그 결과 회사에서는 남은 주식은 직원들에게 우선 균등으로 매수할 권리를 주었고 난 균등으로 나온 주식은 매수하지 않았다. 균등으로 나온 주식은 무조건 현금으로 매수가 가능했으나 그렇게까지 해서 우리사주를 키우고 싶지는 않았다. 욕심을 내기에는 확신이 서지 않았기 때문이다. 그렇게 내가 매수를 한 금액은 총 2550만 원이었다. 공모가가 59000원으로 확정이 되면서 435주를 매수하게 되었다. 물론 돈이 없는 사회 초년생이

기도 했고 이미 많은 종목에 돈이 물려 있기에 현금이 아닌 우리 사주 대출로 사게 되었다. 그때 당시 연 금리는 약 3%여서 한 달 이자는 약 6만 원이 발생하였으며 원금에 대한 이자를 이체하는 구조가 아닌 월급에서 이자가 빠져나가고 남은 금액이 나에게 들어오는 원리였다. 그래서 크게 부담이 되지는 않았다.

회사에서 일을 열심히 배우고 있던 무렵 동기들이 모여 상장 전날인 8월 8일에 술을 한 잔했었다. 작년에 성공한 상장주들의 성공사례를 이야기하며 우리도 그렇게 될 거라고 굳게 믿고 있었다. 우리사주 매도해서 집을 살 거라는 나, 우리사주 매도해서 1억짜리 차를 산다는 동기, 우리사주 매도해서 퇴사할 거라는 동기 등 참 이래서 동기인가보다. 하지만 사이좋게 행복회로를 돌리던 우리의 꿈은 12시간도 지나지 않아 상장한 직후에 다 무너져 내렸다.

상장 당일인 8월 9일 8시 30분부터 업무를 시작하는 우리 회사였지만 그날만큼은 9시 이후에 잠시 모두 핸드폰에 집중하였다. 본인이 다니던 회사의 상장이라. 얼마나 가슴이 웅장해지는가. 8시 40분부터 시작되는 예상가에 관심이 정말 뜨거웠던 거 같다. 상장 당일 예상가는 공모가의 최대 2배까지 오를 수 있기 때문이다. 흔히들 말하는 상장주의 따상은 공모가의 두 배에서 상한가를 간다는 이야기다. 따상을 간다는 것은 공모가의 160%의 상승인 것이다. 상장 날 따상을 했으면 내가 산 2550만 원은 하루에 6630만 원이 된 것이고 만약 연차가 오래되어서 1억을 사신 분이 계신다면 2억 6천만 원이 된 셈이다. 이러니 다들 핸드폰에서 주식 어플을 키지. 하지만 두 배 자체는 힘들었고 이날 코스피와 코스닥의 상승 시작으로 인해서인지 59000원의 공모가였던 HK이노엔의 당당한 시초 가격은 68100원이었다. 그 후 장중 78900원까지 올랐지만 결국 장이 흘러 시초가 대비 400원 오른 68500원에 장을 마감하게 되었다. 공모가 기준 수익으로 치면 약 400만 원이 조금 넘는 수익이었다.

수익이 그리 나쁜 건 아니었지만 다른 공모주에 비해 많이 오르지 못한 첫날에 대한 실망감도 있었고 주식을 팔기 위해서는 퇴사하거나 혹은 재직 중에는 1년이 지나야 하기 때문에 지금 있는 수익은 그냥 그림의 떡이었다. 선택의 여지가 없이 그냥 가지고 가기로 하였다. 400만 원의 주식 수익을 내려고 퇴사를 하는 것은 정말 무모한 짓이라고 생각했기 때문이다. 그리고 "퇴사할게요!"라고 외친다고 주식을 바로 팔 수 있는 것도 아니니 신중할 수밖에 없었다. 만약 상승한다고 해서 퇴사했는데 그 시간 동안 하락하게 된다면 마이너스인 상태에서 퇴사를 할 수도 있다. 정말 최악인 상황인 것이다.

그렇게 상승과 하락을 5만 원대와 6만 원 사이를 밀고 당기듯 박스권을 유지하였다. 한동안은 공모가 밑에서 마이너스를 기록한 적도 있었다.

그렇게 시간이 흘러 2021년 9월에 어떠한 계기로 퇴사하게 되었다. 같이 일하시는 분이 내가 생각하는 선에서는 도저히 이해되지 않는 행동을 하셨고 그것을 본 회사에서도 못 본 척하고 넘어가는 모습을 보고 내 젊음, 내 인생의 소중한 시간을 굳이 이 회사에서 매출을 올리는 데 보내야 하나라는 생각을 하게 되어 퇴사를 결심했다. 하지만 안 좋았던 인연만 있었던 건 아니다. 내 인생에서 소중한 인연으로 남아 늘 고맙고 잘 챙겨 주신 형과 동생들과는 아직도 잘 지내고 있으며 비록 회사는 떠나지만 좋았던 기억만 가지고 떠나게 되었다. 그리고 팀장님께서 나를 배려해 주셔서 퇴사 시간을 좀 벌어 주시는 덕분에 일할 곳을 바로 찾을 수 있었다. 하지만 정말 큰 문제는 우리사주였다. 당당히 퇴사하겠다고 말은 했으나 우리사주를 가지고 가려면 내 현금을 그만큼 내고 내 주식 계좌로 옮기든지 아니면 그냥 시장가로 매도하든지 해야 하는데 정말 쉬운 선택은 아니었다. 회사에서는 최대 3개월의 시간을 준다고 했다. 그때까지 현금을 마련하면 되는 상황이었다. 하지만 3개월이라고 해도 퇴사한 나에겐 2500만 원이라는 돈은커녕 통장에는 250만 원도 없었으며 3개월 안에 절대 못 모으는 돈이었다. 대출받아서 유지하자니 회사를 그만두고 프리랜서 일을 하는 사람이 되었기에 이자도 연 10%가 넘어가는 상황이기도 하고 내가 할 수 있는 건 '3개월 안에 주가가 내리지 않고 갑자기 상승할 수 있게 해 주세요.'라는 기도뿐이었다. 이런 나의 간절한 기도는 하늘에 닿지 않고 아빠한테 닿았다. 아빠가 이노엔 현재 가격을 보더니 본인이 현금을 다 해줄 테니까 공모가인 59000원에 다 달라는 거래를 제안했다. 뭐 나는 선택의 여지가 없고 마이너스가 나면 주식시장에 돈을 주는 거보다 아빠에게 수익을 안겨 주자는 마음으로 흔쾌히 거래를 받아드렸고 그렇게 아빠가 현금으로 주식을 사기로 하였다. 하지만 3개월의 시간이 있기에 그리 급하게 현금을 이체하지 않았고 좀만 기다려 보자고 아빠께서 말씀하셨다.

2021년 10월 5일 화요일 전에 다니던 이노엔을 퇴사하고 일주일의 휴식 후 부동산 일을 하게 되었다. 저 날은 부동산 첫 출근을 하는 날이었다. 공인중개사 자격증이 있지는 않지만 공인중개 보조인으로 일을 배우고 있었고 자격증은 차차 다음에 따자는 생각을 하였다. 전·월세 계약 시 유의 사항, 사진 찍는 방법, 건축물대장과 등기부등본 보는 방법부터 해서 일적으로도 중요하지만 살아가면서도 중요한 정보를 배울 수 있었던 거 같다. 열심히 일을 배우느냐고 주식도 보지 못했다. 그러다 같이 일하는 형이 잠시 바람 좀 쐬러 나가자고 했고 오랜만에 주식 어플을 켰다. 이노엔의 주식을 확인한 나의 두 눈은 토끼 눈이 되었고 주식은 결국 금요일 종가 기준이었던 52500원에서 상한가를 기록하여 68200원에 장을 마감하게 되었다. 상한가를 간

후에도 매수세가 유지가 되었기에 이거 곧 더 갈 수 있을 거라는 생각을 했다. 오른 이유에 대해 검색을 해 보니 먹는 코로나19 치료제로 머크라는 미국 제약 회사의 주가가 크게 상승했는데 그와 연관이 있는 HK이노엔의 주가가 그렇게 오른 것이라고 한다. 역시 바이오 주식은 코에 걸면 코걸이 귀에 걸면 귀걸이다. 이 맛에 주식에 투자하지.

하지만 현재 주식은 나의 계좌에 없어서 못 파는 상황이었기에 아버지께 SOS의 연락을 남겼고 아버지와 연락 후 10분도 되지 않아 2550만 원을 나에게 송금을 해 줬다. 마음 같아선 그 돈을 가지고 도망을 가고 싶었지만 아들이 아버지에 대한 올바른 행동이 아니기에 은행에 이체했고 그렇게 목요일인 10월 7일 이노엔 주식을 내 계좌로 받을 수 있었다. 하지만 화요일 상한가를 갔던 이노엔은 수요일에 8만 원을 찍고 급하게 추락하였다. 역시 이래서 바이오 종목이 무섭다. 오르는 이유도 애매하고 떨어지는 이유는 더 애매하다. 그렇게 급락한 이노엔은 결국 공모가보다 낮은 58300원에 수요일 장을 마감하였고 주식이 들어온 목요일에는 62500원에 종가를 하게 되었다. 평균 매수 단가 기준으로 보면 약 150만 원의 수익이긴 했다. 만약 8만 원에 매도했다면 약 900만 원의 수익이 났을 것이다. 이걸 팔아야 하나 말아야 하나 했던 나는 아버지께 어떻게 하실 건지 여쭤 보았고 아버지는 시간이 지나면 분명 오를 테니 매도하지 말고 그냥 가지고 가자는 이야기를 하셨다. 아무래도 8만 원의 주가를 봤기에 또 상승할 거라는 믿음이 있으셨나 보다. 그렇게 난 아버지의 말을 따르기로 했다.

어느 날과 다름없이 부동산 출근을 하기 전 운동을 하고 있었다. 연말이라 회사의 4분기 매출과 영업이익도 예상치로 나오는데 전에 다니던 회사는 잘하는 걸까라는 마음과 주주의 마음으로 재무제표를 보았고 보는 내내 아무래도 이노엔이 내 생각에는 너무 고평가가 되어 있다는 생각이 들었다. 바이오라는 특성상 미래의 가능성 때문에 높은 평가를 받을 수 있는 것은 사실이지만 개인적인 생각으론 너무 터무니없이 높다는 생각이 들었다. 아버지가 일을 가시고 아버지의 쉬는 시간을 알기에 장이 열리는 시간 전에 아버지께 전화해서 오늘이라도 파는 건 어떠냐고 말씀을 드렸다. 그때 수익률은 약 3% 정도 되었다. 아버지는 그걸 왜 파냐고 좀만 더 가지고 있어 보자고 했다. 통화를 끊고 아버지 몰래 그냥 팔아 버릴까 하는 내적 갈등은 있었으나 뭐 아버지가 아버지 돈으로 판단하신다는데라는 생각으로 매도하지 않았다. 놀랍게도 내가 아버지께 전화를 드린 날이 그 후부터 지금까지 최고 고점이었고 이노엔의 주가는 3만 원 초반까지 하락하더니 지금은 3만 원 후반 가격에 유지 중이다. 아버지는 내려간 주가를 보며 상장주를 매수하게 된 상황을 만든 아들 잘못이라고 말을 하였고 그에 질세라 난 분명 과거 아버지께 이노엔 매도에 대해서 어떻겠냐고 이야기한 적이 있다고 말씀을 드렸다. 억울하게 몰릴 뻔했으나 그때 아빠에게만 매도를 이야기한 게 아니라 엄마에게도 전화했기에 엄마는 나의 편을 들어주게 되었다.

지금 HK이노엔 주가는 38000원대를 유지하고 있으며 현재 계좌는 마이너스 900만 원 정도 된다. 마이너스 35%를 기록 중이다. 아버지에게 조심스레 물 탈 것을 권유했으나 이미 마음의 상처를 입으셨는지 삐진 연인처럼 됐다는 말만 하시고 그냥 공모가까지만 복구가 되길 기다리는 중인 거 같다. 아버지는 너에게 더 이상 마음 안 줄 거니까 네가 알아서 날 풀어와 같은 모습을 보이기 시작했다. 상황 봐서 모이는 돈이 좀 쌓이면 나라도 그냥 물을 타서 탈출한 뒤 효도라도 해야 할 거 같다는 생각이 든다.

회사를 직접 다녀 보면서 느낀 점은 HK이노엔은 절대 작은 회사라고 느껴지는 않는다. 1조가 넘는 시가총액과 상장 후 주춤했으나 다시 늘어난 매출과 영업이익, 높은 유보율까지 안정적이라는 생각이 든다. 그리고 회사를 대표하는 제품도 컨디션을 제외하고도 여러 가지가 있기 때문에 매우 안정적으로 유지될 것이라고 생각한다. 미래에도 충분히 더 큰 회사가 될 거라고 믿는다. 하지만 주식 상장기준으로 보면 이야기가 달라지는 거 같다. 우선 상장했을 때 주식시장은 이미 최고점에서 내려오는 중이기도 하였고 공모가는 앞으로의 미래에도 꾸준히 매출이 늘었다는 가정까지 계산해서 산정한 금액이기 때문에 상장 후 매출이 줄어들게 되면 자연스레 가격이 떨어질 수밖에 없는 구조라고 생각한다. 그리고 가장 중요한 시장에 속한 사람들의 관심인데 그다지 많지도 않았었다. 상장했을 당시에만 관심을 좀 받았고 그 후로는 잠잠해져 갔다. 2020년도에 있었던 상장주의 큰 상승은 코스피, 코스닥이 숨도 안 쉬고 올라가는 상황에서의 들어오는 수급으로 인한 상승이 가장 크지 않을까라는 개인적인 생각이 있다. 이노엔을 다니면서 좋은 사람들도 많이 만났고 인생에서 잊지 못할 추억도 많이 쌓이고 그리고

상장주가 모두 성공하는 것은 아니라는 가장 좋은 경험을 하게 되었다.

나의 숙취해소제는 앞으로 컨디션뿐이다. 그게 효도다.

세상에서 가장 비싼 짜장면

: SM C&C(048550)

현재 대한민국의 엔터테인먼트 분야는 세계에서 상위권에 속해 있지만 가까운 미래에는 상위권보다 더 뛰어난 글로벌의 기준 자체가 대한민국이 되지 않을까라는 생각이 든다. 그만큼 우리의 영화, 우리의 노래가 글로벌 시장에서 주목받을 때 그렇게 대한민국의 자랑스러움에 취할 수밖에 없는 거 같다.

그룹 방탄소년단이 이제 한국 아이돌이 아닌 글로벌 아이돌이라는 것은 누구나 다 알 것이다. 그래서 한 번은 곰곰이 생각을 해 본 적이 있다. 현재 한국 아이돌 그룹 중 제2의 BTS가 될 그룹은 누가 될까 하는 생각으로 괜찮은 타이밍이라면 해당 그룹이 소속되어 있는 엔터테인먼트 주식을 매수해도 성공할 확률이 괜찮을 거란 판단이 들었다. 내가 생각했을 때 지금 가장 가능성이 있다고 생각하는 그룹은 '블랙핑크'이지 않을까라는 생각이 든다. 유튜브 채널도 대한민국 인구수를 훌쩍 넘겼고 구독자 수는 무려 8400만 명을 보유 중이며 멀지 않은 미래에 1억 명을 돌파할 것으로 예상이 된다. 남녀노소 누구나 좋아하는 그룹이면서 블랙핑크 그룹 한 분 한 분께서도 솔로로 활동도 많이 하시고 시간이 지나면 분명 지금보다 더 엄청난 그룹이 될 거라고 생각한다. 뭐 지금도 대단한 그룹인 건 말할 필요도 없다. 근데 왜 에스엠에 속한 회사 주식 이야기를 해야 하는데 YG인 블랙핑크 이야기를 하냐고? 눈물 없이 들을 수 없는 이야기를 시작해 보겠다.

2021년 9월 3일 아주 평범한 금요일이었다. 다만 전날 HK이노엔 회사 형들이랑 과음을 좀 했을 뿐이었다. 제정신이 아닌 상태에서 일을 하다 보니 의외로 시간은 잘 갔었다. 여느 때와 비슷하게 11시가 되니 배꼽시계가 배에서 울리기 시작했고 점심 메뉴를 본 나는 밖에 나가서 해장해야겠다는 생각이 들었다. 형들에게 말을 해서 우리는 회사 밥을 먹지 않고 근처 중국집에서 점심을 해결하러 가기로 했다. 어제 술 먹은 사람, 어제 같이 술은 먹지 않았으나 중국 음식을 먹고 싶은 사람 이렇게 총 두 부류로 해서 8명이 중국집을 갔다. 얼큰한 짬뽕과 탕수육을 먹으니 좀 속이 풀리는 거 같아 기분이 좋았다. 왠지 오늘 한 잔 더 할 수 있을 거 같다는 생각이 들었다. 그렇게 밥을 다 먹어갈 때쯤이었나. 같이 밥을 먹던 형이 내기를 하자고 하였다.

바로 밥값 내기. 인원이 많았기에 금액도 한 끼치고는 많이 나왔다. 16만 원. 일반 사회초년생의 월급이 다 거기서 거기인지라 혼자 내기엔 부담스러운 금액이 아닐 수가 없었다. 그래서 혼자 말고 딱 진 사람 두 명 해서 내기로 하였다. 가위바위보 한 번에 8만 원이라. 그때 하루 일당과 비슷했다. 밥값 내기 가위바위보는 연차를 걸고 하는 가위바위보였다. 나는 진심을 담아 평소보다 힘을 더 주고 내기를 했으나 돌아오는 건 패배뿐이었다. 그렇게 나와 나랑 동갑인 친구가 계산하게 되었다. 그렇게 회사로 돌아오는 차에서 수많은 생각이 지나갔다. 술기운도 있었기에 왜 그때 내가 이걸 냈을까라는 생각에 좌절하고 있었다. 그때 좋은 생각이 났다. 회사까지 가는 시간도 5분 정도 걸리니 단타를 빠르게 치고 와서 복구한 다음 단톡에 '나 점심값 벌고 왔어요~'라는 걸 보여 주자 나름 계획적이고 멋있는 방법 같았다. 나만의 행복회로를 돌리기 시작하였다. 그래서 주식 어플을 키고 어떤 종목이 좋을까 했던 나는 순위권에 SM C&C라는 종목이 눈에 들어왔고 '에스엠이면 다 같은 에스엠 아닌가? 더 오르기 전에 우선 사자. 전에 생각했던 블랙핑크를 믿어 보자.'라는 마음에 주식 계좌에 있던 720만 원어치를 한꺼번에 매수하게 되었다. 그렇게 취중 매수를 한 나의 평균 매수 단가는 6020원이었고 1200주를 매수하게 되었다. 하지만 역시 인생은 계획대로 되지 않는다. 회사에 도착해서도 가격은 복구가 되지를 않고 현장에 일하러 들어가야 하는데 팔아야 할지 말아야 할지 고민이 많았다. 그때 팔았으면 그냥 내가 식사를 시원하게 다 사는 거보다 더 큰 손실이 나는 상황이었다. 그냥 착한 마음으로 밥 내가 살 걸이라는 생각도 했다. 그렇게 팔지 못하고 현장에 들어가게 되었다. 근데 뭔가 일하면서도 찝찝한 느낌이 들었다. 내가 뭘 분명 잘못했는데 아닌가? 기분 탓인가 술기운에 그런 걸 거라는 생각을 하고 시간이 지나 술이 깨면서 내가 뭘 잘못했는지 깨달았다. 블랙핑크는 YG였다. 아뿔싸. 블랙핑크가 YG라고 깨닫는 순간 '블랙핑크는 무슨. 내 마음속 첫 번째는 에스파라고.'라는 기가 막힌 변화구를 시전했고 내가 산 SM C&C는 심지어 가수도 아니었고 예능을 하는 사람들과 연기를 하시는 분들이 소속되어 있는 SM 계열사였다. 음주의 힘을 빌려서 하는 뇌동매매는 이렇게 무섭다. 뭘 했는지 기억도 잘 안 나고 그냥 빨간불만 들어오면 매수하게 된다. 얼떨결에 주주가 되었으니 그래도 어떤 분이 소속되어 있는지 알아야겠다는 생각에 검색을 해 봤는데 유명하신 분들이 정말 많았다. 그때 '이것 또한 운명인데 그냥 갈 때까지 가보자. 손절은 없다.'라는 마음을 먹으며 이제 나의 아버지는 강호동 님과 어머니는 신동엽 님이 되셨다. 작은아빠 이수근 님. 함께 가시죠. 그날 SM C&C가 급등해서 나의 눈에 들어온 이유는 인수설이 돌기 시작했기 때문이다. 그것도 나의 아픈 이별 카카오에서 말이다. 과거에 한진칼로 인해 수익을 냈을 때 인수나 경쟁권 다툼이 강한 호재라는 것을 깨달았기에 별걱정을 하지 않았다. 내일이면 뭐 오르겠지. 적당한 가격에 나오자는 마인드가 있었다. 다음 날이 되었고 주가는 하락했다. 하지만 나에게 손절은 없으니 존버를 하기로 마음먹었다. 그리고 다음 날에는 평균 매수 단가를 넘어 더 높은 고점을 갔으나 현장에 있었을 시간 때라 매도하지 못했다. 그 후로 인수 이야기가 조용해지면서 내가 보유한 SM C&C 는 줄어드는 거래량과 매수세로 인해 수직 낙하를 하게 되었다.

시간이 지나 내가 다니던 HK이노엔을 퇴사하고 난 내 인생에 큰 변화를 주기 위해 새로운 일을 해 보자고 생각했고 그렇게 고민을 거듭한 결과 내가 선택한 일은 부동산 일이었다. 회사를 9월 말에 그만두고 부동산 일을 하게 된 것은 10월 초부터였다. 그리고 얼마 지나지 않아 10월 15일 내 평균 매수 단가와 가까운 5800원까지 주가가 올랐었다. 하지만 난 그날도 팔지 않았다. 그렇게 급한 돈도 아니었고 다음 날 되면 또 오를 거라는 마음에 조만간 탈출할 수 있겠다는 생각을 했다. 하지만 5800원이 내가 본 주가 중 가장 최고점이었고 그렇게 또 한 번 주가는 큰 추락을 하게 되었다.

주가는 내리다 4000원 선을 깨고 말았는데 4000원이 깨지던 날 5800원에 왔을 때라도 뒤도 돌아보지 말고 그냥 손절할 걸 이라는 생각을 했다. 그때 마이너스 50만 원인데 지금은 마이너스가 너무 커진 상황이라 손절매를 하고 싶어도 못 하는 상황이 되어 버렸다. 그렇게 구멍 난 풍선처럼 빠지고 또 빠지고 오를 생각이 없던 SM C&C의 주가는 결국 내 평균 매수 단가의 반토막보다 더 큰 손실을 기록하게 되었고 지금까지도 내 주식 역사상 가장 안 좋은 수익률이다. 마이너스 350만 원이라. 중국집 한 번 가서 짜장면 먹은 가격치곤 세상이 너무 잔인하다는 생각이 들었다. 아마 세상에서 가장 비싼 짜장면이지 않을까 싶다. 350만 원 짜장면.

그렇게 시간이 흘러 해가 바뀌고 열심히 부동산 일을 배우던 나에게도 고비가 찾아왔다. 한창 타 지역에 사시는 대학생분들이 방을 많이 찾으시는 2월에는 다른 달에 비해 수요가 많았기에 부동산 시장이 활발했고 그로 인해 일을 비교적 덜했으나 수요가 많은 탓인지 다른 달보다 수입이 괜찮았다. 이 기세를 몰아서 3월도 이번 달처럼 잘해 보자는 힘찬 포부를 가진 나는 그 주 주말에 코로나 확진 판정을 받게 되었다. 그러면서 일주일 자가격리로 인해 아무것도 할 수가 없었다. 그리고 무조건이라고는 할 수 없지만 내가 걸리고 난 후 부동산에 일하시는 분들도 한 분 두 분씩 코로나 확진 판정을 받았다. 부동산을 했을 때 내가 거주했던 곳은 부동산에서 가까운 친할아버지, 친할머니 집이었는데 할아버지, 할머니도 확진 판정을 받았다.

나라에서 지정한 자가 격리가 끝나는 것은 3월 초였으나 다른 분들께 피해를 또 드릴 수는 없다는 생각에 3월 통째로 일을 쉬어야겠다고 마음을 먹고 부동산 소장님께 연락을 드린 뒤 일을 쉬게 되었다. 일의 특성상 하루에도 많은 사람을 만나기에 조심스러울 수밖에 없었다. 프리랜서의 업종이기 때문에 코로나로 일을 쉬는 동안 수입은 0원이 되어 버렸고 러시아와 우크라이나의 전쟁이 장기화되면서 금리와 원자재의 가격 인상 등으로 인해 주식시장마저 얼어붙은 상황이 되어 버렸다. 통장에 남은 돈도 메말라가고 무엇을 해야 할까 하다가 뭐라도 해야겠다는 생각이 들었었다. 과거에도 생각을 해 봤었던 진입장벽이 낮은 액세서리 가게를 온라인으로 차려 통신판매업을 하였다. 그 외 남은 시간에는 건설업을 하고 계시는 아버지에게 직원분들이 쉬실 때 그 자리를 대신하여 매일은 아니지만 될 때 일을 나가서 일당을 받으며 일하게 되었다. 그렇게 본업은 하지 못하고 다른 일을 하며 열심히 보내게 된 3월 그전까지 반토막이던 SM C&C의 주가는 나의 처지가 안쓰러워 보였는지 잠잠하던 인수설을 앞세워 다시 한번 5000원대로 진입하였고 손절이라도 할까 말까 고민했던 나지만 지금 팔면 5일 치의 일당을 한 번에 날리는 것인데 아깝다는 생각도 했고 될 듯 말 듯 하는 주가를 보며 다시 손절을 하지 못했다. 그 결과 다시 인수설이 잠잠해지면서 끊임없이 하락을 하며 다시 주가는 수개월 동안 3000원대까지 떨어지더니 박스권을 유지하게 되었다. 마이너스 350만 원에서 좀만 오르면 팔자 했던 나의 믿음도 급등하는 그래프 앞에 심리를 조종당하는 힘없는 개미일 뿐이었다. 팔지 못한 건 결국 내 책임이다. 시간은 흘러 아무런 소득 그리고 소식 없이 해는 바뀌고 햇수로는 3년 차 SM C&C의 주주가 되었다. 이쯤 되면 읽으시는 분들께서는 의아하실 수도 있는데 왜 주식이 많이 떨어질 때 추가로 SM C&C를 매수 안 했을까 하는 의문이 들 수도 있다. 재무제표를 보았을 때 매출과 영업이익은 적자 상태이었기에 과감하게 추가 매수를 할 수가 없었다. 이러다 상장폐지 되는 거 아닌가라는 생각도 했었다. 그래도 1주당 가격이 부담이 없었기에 1주 조금씩 사다 보니 1300주 평균 매수 단가 5826원에 총 760만 원을 보유하게 되었다.

당분간은 주식을 안 팔아도 될 거 같았던 내 생각과는 다르게 이른 시일에 주식을 매도해야 하는 상황이 발생하였다. 현재 근무 중인 회사 근처에서 자취를 1층에서 전세로 살고 있었는데 집 자체에 경사도 있고 주위에 빌라가 많았기에 내가 살던 1층에는 햇빛이 잘 들어오지 않았다. 그래서 작년 8월 입주 당시 집주인 분께 윗집에 자리가 나면 혹시 이사를 하여도 되겠냐고 미리 말을 하였고 집주인 분께서는 흔쾌히 약속하셨다. 정말로 4층에 방이 나가자마자 나에게 먼저 우선권을 주셨다. 연락이 온 것은 1월 15일 일요일이었고 방을 봤을 때 집이 너무 좋았다. 햇빛도 정말 잘 들어오고 무엇보다 조용했다. 오토바이와 차 지나가는 소리는 물론 근처에 고등학교가 있는데 등하교할 때 학생들의 대화 소리도 들리지 않았고 4층에는 집주인 분과 내가 살 집만 딱 두 집이 있었기에 매우 조용했다. 그래서 꼭 이사를 해야겠다고 생각했다. 그래서 우선 이사를 하겠다고 집주인 분께 이야기했지만 집주인 분께서는 1층의 전세보다 500만 원 더 주셔야 할 거 같다고 말씀하셨다. 지금의 일을 하기 전에 부동산 일을 해 왔던 나이기에 집주인 분의 말이 맞아 알겠다고 말을 하였고 주식을 진심으로 투자하고 있었던 나는 통장에 현금 530만 원이 지금 당장 쓸 수 있는 전 재산이었다. 그때 우선 월요일 500만 원을 이체해 드리고 가망도 없는 SM C&C 그냥 다 팔고 400만 원이라도 찾아서 써야 하나라는 생각을 했고 1층에서 보내는 마지막 날 밤에 혼자 막걸리를 먹으면서 고민을 깊게 했던 거 같았다. 나의 선택은 월급이 10일도 남지 않았기에 30만 원으로 한 번 버텨 보고 정 안 되면 조금만 팔아서 생명을 연장하자는 생각을 했다. 그렇게 월급이 들어오고 다행히도 현금 파산 직전의 나는 월급을 받아 생명을 유지할 수 있었다. 그 결과 SM C&C의 주식은 단 1주도 안 팔게 되었다. 그렇게 시간이 흘러 2023년 1월이 끝이 나고 SM C&C 주식도 거의 끝이 났다. 자주 나오던 인수설 이야기도 없고 메말라가는 거래량에 사람들의 관심도 못 받고 그냥 이렇게 된 거 팔면 손해가 너무 크니 없는 돈이라 생각해야겠다고 마음을 먹었다. 그렇게 이미 나의 관심 밖이던 그리고 다시는 오르지 않을 거 같던 SM C&C의 주가는 2월 10일 갑자기 상한가를 가게 되었다. 3565원이 종가였던 목요일과는 다르게 금요일은 상한가인 4630원에 장을 마감하게 되었다. SM C&C를 보유하면서 여러 번의 상한가의 맛을 보았던 나였기에 그리 기대는 하지 않았다. 하지만 이번만큼은 정말 탈출할 수 있겠다는 생각을 하게 되었다. 바로 하이브가 SM을 인수한다는 소식이 나왔기 때문이다. 마이너스 300만 원이던 내 주식이 하루아침에 마이너스 150만 원이 되었다. 그때 당시 팔았으면 600만 원 현금을 확보할 수 있었기에 그리고 마이너스 350만 원까지 봐 왔던 나이기에 지금이라도 팔아야 하나 고민했다. 나무로 비유하자면 나무 전체 중 몸통까지 잘라야 하는 상황까지 갔다가 큰 나뭇가지만 잘라도 되는 상황이 돼 버린 것이다. 상한가를 유지한 상태에서 장이 마감하기 몇 시간 전부터 회사 동료 분들에게 계속 물어 봤다. 지금이라도 팔아야 할 거 같냐고 물어봤는데 의견이 많이 나뉘었다. 누구는 팔아야 한다고 누구는 좀 더 기다려라. 하지만 난 사실 이미 답이 정해져 있었다. 손절할 생각은 없었다. 그리고 마이너스 150만 원도 어떻게 보면 마이너스 20% 정도 되기에 적은 액수가 절대 아니었다. 그래서 가망도 없고 될 대로 되라는 마인드가 강했다. 하지만 나의 마음도 내심 기대는 했는지 얼른 주말이 가길 바라고 있었다. 기다리던 월요일이 되고 금요일의 관심이 꺼지지 않아서 약간 상승하여 5400원까지 상승을 하였으나 장 마감 전부터 슬슬 거래량이 줄더니 결국 4870원에 장을 마감하게 되었다. 느낌이 좋지 않았다. 인수 소식이 현저히 줄어들었고 시장에서 소외당하는 기분이 점점 들었다. 그리고 다음 날 화요일은 아니나 다를까 주식은 결국 마이너스 1%로 장을 마감하게 되며 '이거 어째 저번처럼 계속 계단식 하락으로 또 3000원대까지 빠지는 거 아닌가?' 싶었다. 그래서 올해 연말정산으로 약 60만 원을 돌려받는데 한 60만 원만 손절하고 나올까 하는 생각도 200번 정도 한 거 같다. 그런 생각을 하고 있었는데 시간 외 거래에서 상한가로 시외 장을 마감하였다.

이게 무슨 일인가 싶어 인터넷 검색을 해 봤더니 에스엠 인수에 CJ가 참전을 하게 되었다는 기사가 나왔다. '이거 무조건 내일 탈출 각이다.'라고 생각했던 나는 다른 날과 다르게 SM C&C와 이별을 해야 하나 행복한 고민을 했다. 역시나 기대가 크면 실망도 큰 법. 최근에 있었던 상한가와는 다르게 그다지 크게 오르지 않아 실망감이 컸다. '오늘도 글렀다.'라는 마음을 가지고 해탈한 나는 현장에서 열심히 일한 뒤에 오전 쉬는 시간에 나와 주가를 확인하였고 주가는 그동안 나에게 고생했다고 보상을 해 주듯 드디어 내 평균 매수 단가를 뛰어넘은 5900원대에 주가를 형성하고 있었다. 또다시 이걸 팔아야 하나. 마이너스 60만 원도 생각했던 내가 본전이 오니 또 욕심이 나서 팔지 못하는 상황이 발생되었다. 역시 물려 있으면 안 팔면 그만인데 주식 계좌에 빨간불이 뜨기 시작하니 팔지를 못하겠다. 다시 동료분들에게 "지금이라도 팔아야 하나요?"라는 무한 뫼비우스의 띠를 보여 줬고 또다시 누구는 팔아야 한다 누구는 더 간다 팔면 안된다는 이야기를 다시 뫼비우스의 띠처럼 서로 반복하였다. 수많은 고민 끝에 결국 나는 우선 분할 매도해야겠다고 느껴 5940원에 보유 수량의 절반을 매도하였고 그렇게 절반 매도한 나의 수익은 약 1.3%인 5만 원이 되었다. 대단하다. 드디어 2년 전 짜장면 값을 드디어 버는구나라는 생각이 들었다. 그렇게 나머지 반은 아직도 가지고 있으며 비록 그때 못 판 절반이 현재는 마이너스 20만 원을 유지하고 있다. 3000원대를 횡보했을 때 매도를 수없이 생각하고 살짝 반등이라도 하면 '지금이라도 팔아야 하나.' 고민했지만 결국 팔지 않고 가지고 있다가 아주 조금이지만 빨간불에라도 나온 나 정말 칭찬한다.

현재 최근 일주일간 엄청난 급등을 하였기에 단일가 거래가 진행이 되고 있다. 주가는 큰 상승과 하락이 반복될 것으로 예상이 되는데 단일가로 진행 시 30분에 한 번 체결이 되기 때문에 거래량은 확실히 줄어들 것이라고 생각한다. 아픈 손가락 SM C&C의 남은 주식을 언제 매도해야 하나 생각이 깊어지는 그런 오늘 밤이다.

떨어지면 물타기라도 해 볼까?

삼성전자보다 안전한 종목이 있다

: KODEX200(069500), KODEX 레버리지(122630)

신풍제약과 두산중공업과 같은 개별 종목에 크게 물려 있어서 다른 개별 종목을 또 매수하자니 떨어질 거 같고 그때 당시만 해도 주식에서만큼은 적은 시드로 야수의 심장을 가지긴 했으나 투자하기가 겁이 났던 시절이 있었다. 지수가 상승하여 삼성전자와 SK하이닉스 같은 우량주도 저렇게 잘 가는데 괜히 테마주 급등주를 매수해서 맘고생을 했던 시기가 바로 그때였다. 그래서 내가 하는 주식투자 방법이 잘못된 건 아닌가 점검해야겠다는 생각이 들어 현금을 보유한 채 시드 모으기에 집중하고 매수를 멈춘 시기가 있었다. 그때 당시 실업급여를 받는 백수이기에 시간이 매우 많았다. 그래서 주식 공부를 지금이라도 차근차근해야겠다고 생각했다. 사실 주식을 매수하기 전 충분한 공부를 하고 매수하는 것이 맞지만 평소에 뭘 하든지 일단 해 보고 생각하자는 생각이 강하기 때문에 주식도 물리고서야 공부하기 시작했다. 주식에 들어가는 돈이 커지다 보니 그제야 정신을 차리고 올바른 주식 공부를 하기 시작했던 거 같다. 순서가 바뀌긴 했으나 뭐 지금이라도 공부하니 다행이라고 생각했다.

주식 공부를 전문대학에서 배운 전공보다 열심히 이것저것 알아 가는데 그때 주식이 개별 종목만 아니라 여러 종목을 테마별로 묶어서 개별 종목처럼 매우 안정적으로 거래를 할 수 있다는 것을 알았다. 그것은 바로 ETF였다. ETF를 간단히 설명하자면 주식처럼 거래가 가능하고 개별 종목이 아닌 특정 주가지수의 움직임에 따라 수익률이 결정되는 펀드였다. 현재 한국에서 가장 대표적이고 인기 있는 ETF는 KODEX200이라는 ETF인데 KODEX는 이해하기 쉽게 이야기하면 종목을 운영하는 회사의 별명이라고 생각하면 되겠다. 200은 코스피 상위 200개를 말하는 것인데 아무래도 200개 종목은 분산투자 하다 보니 한 회사의 주식을 샀을 때보다 매우 안정적으로 투자를 할 수 있다. 코스피 상위 종목을 다루기 때문에 코스피랑 똑같은 상승과 하락을 보여 준다고 생각하면 된다.

코스피 상위 200개를 추종하는 ETF는 매우 많다. 하지만 모든 ETF라고 해서 안정적인 것은 결코 아니다. 운영하는 회사 규모에 따라 거래량도 다르고 안정적인 것이 다르기 때문에 ETF를 매수할 시 항상 거래량이 많은 것을 택해야 한다. 그 이유는 만약 내가 매도해야 하는데 거래량이 적은 ETF를 매수했다면 원하는 가격에 못 팔 가능성이 크기 때문이다. 그래서 나는 그 중 거래량이 가장 많은 KODEX를 선택하였다. 정리하자면 ETF를 사는 것에 대해 매우 긍정적이나 만약 매수할 시 거래량이 많은 큰 회사의 ETF를 사는 것이 바람직하다고 생각한다. 많은 수요와 공급의 유지가 필요하다.

그럼 간단히 ETF의 장점을 이야기해 보자면 위에서 말한 거처럼 단일 종목을 매수하는 것보다 많은 종목을 한 번에 분산투자 하는 효과가 있기에 매우 안정적이라는 것이 가장 큰 장점이다. 그리고 개별종목으로 매수했을 시보다 상장폐지에 대한 리스크가 매우 적다는 장점이 있다. 만약 A라는 종목을 샀는데 상장폐지가 되면 휴지 조각이 되지만 A 종목을 포함한 ETF를 매수했다면 한 종목이 아니라 여러 종목을 분산투자 했기 때문에 한 종목이 상장폐지됐을 때보다 비교적 타격이 그렇게 크지는 않다. KODEX200의 경우 코스피를 추종하기에 매우 낮은 하락을 보인다. 코스피가 많은 하락을 한다 해도 하루에 2% 정도이기에 KODEX200 또한 하루에 2% 내외라고 생각하면 될 것이다. 그리고 개별종목은 배당금이 나오지만 ETF는 배당금과 비슷한 분배금이 나온다. 1년에 총 4번 나뉘어서 나오는데 월로는 1월, 4월, 7월, 10월 총 4번 각 해당하는 달 주식 시장이 열리는 마지막 날에 해당이 되며 연 분배금은 약 2% 내외 정도 된다. 사실 그리 큰돈은 되지 않지만 용돈이라 생각하고 받는다면 나름 쏠쏠하다고 생각한다.

하지만 무엇이든 장점만 있을 수는 없다. 장점만 있을 거라 생각하면 다 ETF만 투자하지 ETF에도 개별 종목과 비교해 보면 단점은 있다. 우선 코스피가 박스권을 형성하게 되면 수익을 내기가 힘든 구조이다. 주식은 보통 테마와 섹터를 중심으로 사이클을 도는데 다 같이 오르는 거 아닌 이상 코스피는 박스에 머물기 때문에 큰 수익률을 기대하기에는 어렵다. 그리고 코스피를 추종하다 보니 하루에 오르는 폭 또한 많아야 2% 내외이다. 그러기에 장기로 가져가지 않고 단기적으로 수익을 내기에는 힘든 구조이며 코스피가 박스권을 형성한다면 지루한 횡보장이 이어질 수가 있다는 단점이 있다.

안정적인 ETF 직접 매수를 처음 했던 건 2020년 12월이다. 상승 폭이 낮기 때문에 적립식 투자가 ETF에는 적합한 투자 방법이라는 생각이 들어 실업급여가 들어오면 쓸 용돈만 빼놓고 매달 100만 원씩 KODEX200을 매수했고 기존에 큰 주식들 말고 만 원, 이만 원 벌어 보겠다고 아주 소액을 산 종목들을 본전만 오면 매도하거나 작은 액수의 손실을 감안하고 매도했다. 그리고 그 돈으로 KODEX200을 꾸준히 매수하였다. 그렇게 꾸준히 돈을 모아 매수한 결과 적은 액수로 시작한 KODEX200은 총 1000만 원어치를 매수하였고 코스피가 3000을 돌파하여 떨어질지 모르고 계속 상승만 보여 준 덕에 난 적립 투자를 했음에도 불구하고 짧은 시간 내에 무려 10%의 수익이 났다.

사실 이건 내가 잘했다는 투자보단 코스피의 엄청난 상승으로 인해 수익이 났다고 볼 수 있다. 아마 박스권이었으면 5%의 수익도 보기 힘들었을 것이다. 그렇게 수익을 내고 또다시 들어가야 하나 고민을 했으나 이 상황에서 KODEX200으로 두 자릿수의 수익률을 내려면 최소한 코스피가 3600까지 올라야 하는데 단기적으로는 힘들 거 같다는 생각이 들었다. 그래서 ETF 매수를 하지 않았고 신중하게 기다리기로 했다.

그러다가 현금을 어떻게 굴리지라는 고민에 빠진 와중에 좋은 아이디어가 생각이 났다. 바로 박스권을 이용한 KODEX200 단타였다. 대한민국의 코스피는 코로나 이후 상승이 있기 전까지 몇 년간 박스권을 형성하여 낮은 상승과 낮은 하락을 반복하며 횡보하는 시장을 유지하고 있었다. 나만의 KODEX200 단타 방법은 이러했다. 매수하려는 총금액의 절반인 돈을 매수하고 만약 1%가 오르면 매도하는 방법이다. 만약 오르지 않고 떨어진다면 나머지 반을 10 분할로 해서 매수를 하는 것이다. 여기서 도움이 되었던 지표는 나스닥이었다. 보통 한국은 미국경제를 따라가는 성향이 있기에 매일 새벽에 일어나 나스닥의 장 마감을 확인하였다. 방법은 아주 간단했다. 나스닥이 마감 후 마이너스를 기록했다면 매수, 크게 상승했다면 그날 매도를 하면 되겠다고 항상 머릿속에 장이 열리기 전에 고민하고 있었다. 세계에서 주식으로 가장 유명하신 워런 버핏 님도 1년 수익률은 평균 약 20~30%였기에 만약 저 방법을 통해 매달 3%의 수익만 내 준다면 복리를 이용해 나도 금방 부자가 될 수 있을 거라고 믿었다. 행복한 미래를 생각하며 나를 믿어 보기로 하고 기존에 있던 주식 중 수익권인 종목 일부를 정리하고 KODEX200 단타를 할 돈 2000만 원을 모았다. 나의 주식원칙대로 2000만 원의 절반인 1000만 원을 일괄로 매수하였고 그 후로 올라가면 매도, 떨어지면 남은 1000만 원을 10 분할하여 추가 매수를 반복하였다. 2021년 상반기는 모두가 알겠지만 어떤 종목을 사도 오르는 시기였다. 코스피 추종 ETF를 매수한 나는 수익이 안 날 수가 없었다. 단타의 원칙을 지키며 매수매도를 1~2% 사이에서 했던 나는 2021년 12월부터 2022년 5월까지 KODEX 단타로만 약 300만 원의 수익을 올렸다. 2000만 원에 15% 정도 되는 금액이니 내 작전은 기가 막히게 적중하였다. 하지만 이건 어디까지나 나의 주식 실력은 아니었고 그냥 미친 듯이 올랐던 코스피의 불기둥에 힘을 잠시 빌린 나약한 개미에 불과했다.

그렇게 세상 누구보다 달콤한 2021년 5월을 보내던 중에 여자친구와 함께 제주도로 여행을 갔었다. 재미나게 제주도 여행을 마치고 청주로 돌아오는 날 여자친구가 1년 동안 한 달에 100만 원씩 들어놓은 적금이 끝나는 날이어서 오늘 돈이 들어온다고 이야기하였고 그때 적금 이자가 1% 정도가 되기에 10만 원 정도를 생각하고 있었다. 그런데 예상과는 다르게(?) 이자에 대한 세금을 제외하고 7만 5천 원의 이자가 들어왔다. 여자친구에게 물가상승에 관해 설명을 해 주었다. "보통 물가상승률은 전년 대비 연 4%로 상승을 하는데 1200만 원 넣어서 7

만 5천 원 받는 게 맞아? 적어도 1250만 원은 돼야 원금이 유지가 되는 건데…"라는 걱정되는 말을 남기고 ETF 단타로 재미를 본 나는 어깨가 이미 한라산 백록담까지 올라가 있었기에 여자친구에게 KODEX200 단타에 관해 설명을 해 주었다. 그때 당시 무슨 자신감인지 모르겠는데 여자친구에게 원금 보장은 무조건 해 준다는 조건을 걸었었다. 원금 보장의 이야기를 듣고 여자친구는 흔쾌히 허락했다. 계약조건은 이러했다. 기존에 있던 1200만 원을 미리 보내 주고 전과 같이 적금 넣듯 한 달에 100만 원씩 해서 나에게 이체를 해 주는 방식이었다. 보통 이런 이야기를 하면 안 좋게 끝나는 경우가 많은데 의외였다.

그렇게 펀드매니저처럼 KODEX200을 미친 듯이 사고팔았다 반복을 했더니 그해 12월 주식하는 마지막 날 앞에서 설명한 분배금 포함해서 총 280만 원이라는 수익이 났다. 여기서 중요한 것은 여자친구 돈으로만이었다. 물론 나의 단타까지 합치면 더 많은 수익이 나곤 했었다. 그렇게 나에게 믿음을 준 여자친구에게 수익으로 보답하였고 그런 내가 기특했는지 여자친구는 용돈을 주었다. 펀드매니저라도 된 거 같았다. 그러고 나서는 안정적으로 나의 투자에 집중하기 위해 여자친구의 원금을 다 돌려주었다.

그리고 다음 연도인 2022년은 정말 다사다난한 일이 많았던 한 해였다. 새해 첫날 레미콘과 큰 교통사고가 나서 병원에서 입원하였다. 살아 있음에 감사할 정도의 큰 사고였다. 코로나로 인해 병원에서 면회도 되지 않고 혼자 침대에 누워서 단타를 열심히 해 왔던 거 같다. 자신감이 붙었는지 부동산에서 번 돈으로 시드도 키우고 샀다 팔았다를 엄청 열심히 했던 시기임은 분명했다. 2주 동안 병원에 누워서 오직 치료와 단타만 해 오던 나는 총 60만 원이라는 수익을 내게 되었다. 2주 사이에 큰 수익을 내서 그런지 이러다가 올해 진짜 큰 수익을 내서 꼭 사고를 칠 거 같은 느낌이 들었다. 금방 부자가 될 수 있을 거라는 생각이 확신으로 변했을 때였다. 하지만 그런 생각도 잠시 퇴원하고 얼마 지나지 않아 안 좋은 뉴스가 쏟아져 나왔다. 첫 번째 악재는 금리 인상에 대한 신호였다. 금리가 인상되면 시중에 있는 돈이 사람들의 투자심리가 위축되어 투자 쪽이 아닌 은행으로 몰리기 때문에 세계증시의 하락은 확률적으로 높을 수밖에 없다. 두 번째 악재는 우크라이나와 러시아의 전쟁이었다. 러시아가 우크라이나를 침공한다느니 전쟁한다느니 엄청 많은 기사가 쏟아져 나왔고 주식시장도 그런 두 나라를 유심히 지켜보는 상황이었다. '에이 2022년도에 무슨 전쟁이야. 저러다가 전쟁 안 하고 끝나겠지.'라고 생각을 했으나 내 생각과는 달랐다. 러시아는 우크라이나를 침공하여 결국 전쟁이 벌어졌다. 그 결과 전 세계 금리 인상은 가속화되고 전쟁의 여파로 인해 안정적인 쪽으로 돈이 쏠리면서 전 세계증시도 큰 하락을 피하지 못했다. 그렇게 KODEX200에 크게 물려 버리고만 나는 언제 추가 매수를 해야 하나 지켜 봤지만 오르기만 하는 금리와 물가를 보면서 더 이상 추가 매수는 의미가 없다고 판단이 되어 매수를 멈추고 현금 확보에 나서기 시작했다. KODEX200을 사자니 이미 크게 물려버린 상황이라 천천히 장기적으로 코스피가 상승해야만 나올 수 있는 상황이기 때문에 꽤 오랜 시간이 걸릴 거 같다는 생각이 들어 코스닥 ETF를 매수할까 했지만 더 좋은 생각이 났다. 바로 KODEX 레버리지를 매수하는 것이다. 여기서 레버리지란 곱하기의 뜻이다. 즉 KODEX 레버리지는 코스피가 1% 오르면 2% 오르는 구조로 되어 있는 것이다. 하지만 오르는 폭이 두 배인 만큼 떨어지는 폭도 마찬가지로 두 배이다. KODEX200보다 비록 적은 액수로 시작했지만 두 배의 상승 폭을 이용하여 더 큰 수익을 낼 수 있었다. 이게 레버리지를 잘 이용한 사례라고 할 수 있다. 하지만 내가 주로 매수했을 당시 코스피는 2800대였다. 현재는 2300과 2400을 유지하고 있다. 레버리지는 상승도 더 크지만 반대로 하락도 크기 때문에 KODEX200보다 적은 액수로 시작했음에도 불구하고 손실은 레버리지가 더 커져 버리고 말았다. 그렇게 현재 KODEX 단타를 이용해 번 수익은 여자친구 수익 포함 약 800만 원에 가까운 수익이 났다. 하지만 현재는 기존에 수익이던 종목까지 매도하면서 물도 타고 레버리지도 더 사고 한 결과 내 ETF의 총 마이너스는 2000만 원이다. 역시 사람들이 하지 않는 데에는 이유가 있었다. 이게 됐으면 다 부자가 됐지라는 생각이 들었다. 하지만 열심히 물을 타고 시간을 기다리다 보면 결국 플러스가 되는 날이 올 거라고 믿는다. 왜냐하면 KODEX200은 대한민국이 망하기 전엔 안 망하는 종목이라고 생각하기 때문이다. 만약 내가 저 종목이 박살이 나서 복구가 안 되는 상황이 온다면 그때 대한민국 경제는 박살이 나 있을 것이다. 이리되나 저리되나 현금의 가치는 없어진다는 뜻이다. 언제가 될지는 모르겠으나 결국엔 빛을 볼 거라고 본다. 잘 안되면 미래 자식 혹은 손주라도 주겠다. KODEX200. 손절은 없다.

주식을 해 보고는 싶은데 무조건 떨어질 거라는 생각이 들고 자신의 투자가 잘못될 거 같아 원금에 큰 손해를 볼 거 같은 사람이 나에게 주식을 물어보면 삼성전자를 우선 말하고 그래도 무섭다고 하면 그때 말하는 종목이 KODEX200이다. 장담이라는 말을 쓰면 위험이기에 높은 확률이라고 말하겠다. 만약 KODEX200을 정말 장기로 적금 들 듯이 매달 월급에서 꾸준히 산다고 가정했을 때 수익이 안 나는 경우는 정말 낮다고 생각한다. 다만, 그 기간 동안 기다릴 수 있느냐가 관건이다. 목돈이 필요로 하는 상황이 발생할 수 있으니 그리고 오랫동안 멀리 봐야 하니까 일상에 타격이 없는 적정선에서 꾸준히 매수하는 것이 좋은 방법이라고 생각한다. 비록 지금은 마이너스 2000만 원이지만 난 이번 달도 사고 다음 달도 사고 앞으로 계속 살 것이다. 중요한 건 꺾이지 않는 매수.

코스피여 일어나라. 힘내라 대한민국. 개미들이여 파이팅.

이렇게 과거에 내가 매수했었던 총 10개의 종목을 정리해 책에 써 봤는데 다시 생각해도 다사다난했던 거 같다. 삶의 원동력이 되기에 종목 하나하나 사연이 다들 충분했다. 실은 아주 작은 소액으로 단타 치고 이름이 예뻐서 매수했던 종목들까지 한다면 100 종목은 훌쩍 넘어갈 것이다. 책의 내용을 쓰기 위해 과거에 사 왔던 종목의 이력을 쭉 보는데 스크롤을 내려도 끝없이 내려갔다. 그런 종목까지 모두 책에 다루게 되면 책의 내용에도 물론 안 좋을 것이고 책의 두께마저 가볍게 휴대하기는 힘들 것이다.

현대차우의 주주답게 총수익과 현재 마이너스를 현대차에 판매하는 자동차로 비유하자면 3년 동안 열심히 달려온 나의 총수익은 배당금 포함해서 제네시스 한 대 정도의 수익이고 현재 마이너스는 그랜저 가격 정도가 된다. 하지만 아직 팔지 않았기에 실질적인 마이너스는 아니며 주가가 오르길 기대하고 있다. 비록 마이너스 그랜저이지만 그래도 괜찮다. 주식은 죽기 전날까지 할 생각이기에 지금의 마이너스는 그렇게 부담이 되지 않는다. 지금의 마이너스도 먼 미래에는 나에게는 아주 적은 돈에 불과할 거라고 믿는다.

5장

우리가 투자해야만 하는 이유

평범한 직장인으로는 노후 대비에 한계가 있기에

소득에는 여러 소득이 있다. 근로소득, 사업소득, 이자소득, 임대소득 등 수많은 소득이 있지만 현재 대부분의 사람들은 근로소득에만 의지하는 경우가 많다고 한다. 근로소득은 근로자가 고용계약이나 고용관계에 의하여 근로를 제공하고 받는 모든 대가를 말하는데 가장 대표적으로는 직장인이라고 할 수 있겠다. 나도 직장인에 속한다. 대한민국의 20·30세대들은 대기업을 제외하고 보통 월급이 세후 200 초반에서 300 초반이 가장 많을 텐데 노후 대비는커녕 현재를 살아가기에도 벅차며 내집 마련 하나 하기도 힘든 상황인 현실이다.

2023년 평균 수명은 84세 정도 된다고 한다. 그리고 정년퇴직은 65세라고 한다. 근데 여기서 재밌는 점은 정년퇴직은 65

세이지만 실제 퇴사는 49세가 평균이라고 한다. 어떤 상황에서 혹은 조건으로 인해 정년퇴직인 65세를 채우기는 힘들다는 것이다. 실제 퇴사 49세에서 평균 수명인 84세까지 산다고 가정했을 때 열심히 다니던 회사에서 나와 약 35년이라는 생활을 소득 없이 살아가야 한다.

대한민국 평균 노부부가 한 달에 쓰는 돈은 평균 얼마일 거 같은가? 50만 원? 100만 원? 놀랍게도 전국 평균 250만 원이라고 한다. 수도권의 경우 350만 원 지방의 경우 200만 원 내외라고 한다. 그럼 한 달에 250만 원씩 해서 35년을 계산하면 1년에 3000만 원, 35년이면 10억이 넘는 돈이 필요하다. 인생 후반에 평범하게 살기 위해 필요한 최소한의 돈이 10억이라는 것이다. 근데 위에서도 말했듯이 대한민국 20·30세대 중 직장인 분들 중에 세금 공제 후 월급이 250만 원이 안 되시는 분들도 꽤 계실 거라고 생각한다. 나도 여기에 속해 있다. 있는 돈을 한 푼도 안 쓰고 지금부터 35년 일했을 때 노후에 그나마 어깨를 펼 수 있다는 건데 사실상 불가능에 가깝다고 생각한다. 그리고 만약 건강에 이상이 생겨 큰돈이 한 번에 나가게 되면 그땐 정말로 큰일이다. 살아갈 날은 많이 남았는데 그에 비해 남은 돈이 적다면 얼마나 힘들까라는 생각이 날 막막하게 한다. 지금은 괜찮지만 시간이 지나면 내가 지켜야 할 사람도 늘어날 것이다. 그러기에 불편하더라도 지금부터 정신을 차리고 돈을 모아야 한다.

풍요로운 삶을 살기보단 아주 평범한 삶을 살기 위해

  돈을 열심히 벌려고 노력하는 이유는 젊을 때 좋은 자동차, 명품을 사려고 하는 것과 좋은 곳을 가려고 하는 것이 아닌 단순히 평범한 노후를 맞이하고 싶어서다. 비록 지금 당장 남들에게 보여 주는 과소비를 하는 것이 아닌 풍경 좋고 공기 좋은 시골에서 마당에 뛰어노는 강아지와 아무 생각 없이 햇빛을 받으며 와이프와 함께 오늘 밥 뭐 먹지 이야기하며 누워 있는 모습을 상상하면서 말이다. 본인마다 희망하는 부자의 모습은 다르겠지만 모두 부자는 되고 싶을 것이다. 하지만 수많은 사람은 부자가 되고 싶은 마음에 이중성을 보여 주고 있다. 한편으로는 부자가 되겠다고 열심히 노력은 하지만 다른 한편으로는 부자와는 점점 거리가 멀어지는 과소비를 하고 있다고 생각한다. 소비는 본인의 자유이고 책임이지만 내 생각에는 이해가 되지 않는다. 사회초년생의 월급은 크게 차이가 없는 것을 잘 알지만 늘 어딜 가면 일주일 치 월급으로 예약한 좋은 숙소에서 잠을 자야 하고 일당과 비슷한 음식을 먹고 사진을 찍곤 한다. 그리고 디지털 기기들은 다 사과 무늬를 보이는 제품들로 사는 사람들이 정말 많다고 생각한다. 근데 이게 정말 본인에게 필요한 소비일까 아니면 남들에게 나 이런 사람이야라고 보여 주고 인증하기 위한 소비일까? 난 후자에 더 가깝다는 생각이 든다.

SNS가 없는 세상이라면 다들 이렇게 소비를 했을까라는 생각이 든다. SNS를 통해 본 주위 사람들은 다 부자다. SNS만 놓고 보면 내가 제일 가난하다. 하지만 그런 모습을 보고 부러워하지 않는다. 그 이유는 분명 행복한 모습만 업데이트할 거라고 믿기 때문이다. 그런 사람들을 보며 이렇게 소비를 하는 것이 정말 괜찮을까라는 생각이 든다. 본인에게 정말 필요로 하는 소비는 해야 하는 게 맞지만 과하거나 본인에게 있어서 불필요한 소비는 줄여야 한다고 생각한다. 사실 돈을 버는 액수도 중요하겠지만 어떻게 쓰는지가 더 중요한 거 같다. 아무리 항아리가 크고 물을 떠서 옮기는 그릇이 크다고 하더라도 밑에 금이 크게 나 있으면 물은 오히려 더 빨리 새어 나간다. 그리고 만약 구멍이 커진 상황에서 물을 나르던 그릇마저 작아져 버리면 정말 대참사가 일어난다. 항아리에 남는 물은 없을 것이다. 그것은 다르게 말하면 죽음을 뜻한다. 표현이 심하다 생각할 수 있겠지만 사람이 살아가기 위해 필요한 의식주는 모두 돈이 필요하다. 그게 냉정한 현실이다. 그래서 우리는 항아리에 물을 떠다 주는 그릇의 크기도 중요하지만 항아리 밑에 금에 대해서 더 생각할 필요가 있다. 현재 다니는 회사 월급이 적다고 불만을 가지기 전에 돈이 어디서 빠져나가는지 잘 점검할 필요가 있다고 생각한다.

꾸준히 올라가는 물가 그리고 시간이 지나면 떨어지는 현금 가치

부모님과 투자에 관해 이야기를 하면 은행 적금도 이자도 나오고 나름 괜찮다며 오로지 저축만을 강조하신다. 투자는 손실이 날 수 있지만 적금은 이자가 적어도 원금은 보장이 되니 괜찮다고 말씀하신다. 많은 사람의 생각도 같을 거라고 생각한다. 하지만 난 부모님의 말씀이 틀린 말은 아니지만 또 다 맞는 말도 아니라고 생각한다. 우선 부모님의 말씀대로 은행 적금은 이자가 나온다. 현재 금리를 고려하면 3%에서 많게는 5% 정도 나온다. 불과 재작년까지만 해도 은행 적금이자는 1%가 되지 않았었다. 지금 같은 금리가 형성된 이유는 물가 인상을 따라잡기 위한 금리의 지속적인 상승으로 보인다. 이자가 많이 나와서 받는다고 해도 꾸준한 물가상승으로 인해 나의 현금 가치는 떨어진다는 것이다.

물가상승은 우리가 죽는 그날까지 계속 이뤄진다. 사례는 멀리서 볼 필요가 없다. 우리가 주로 먹는 음식만 봐도 물가상승은 쉽게 알 수 있다. 어렸을 땐 내가 좋아하던 자장면이 3000원이었는데 요새는 탕수육 몇 조각 끼면 바로 15000원이 되어 버린다. 그리고 5천 원이었던 국밥들은 요새 1만 원에 육박하며 1만 원으로 분식집에 가면 배불리 먹고도 돈이 남았으나 현재는 메뉴 2개 이상 고르기도 벅찬 상황이다. 여기서 보면 알 수 있듯이 물가는 시간이 지나면 올라갈 수밖에 없다. 내 통장에 있는 현금만 오르지 않은 채 말이다. 만약 내가 통장에 돈을 넣어두고 아무것도 하지 않으면 내 통장에 있는 현금의 가치는 떨어질 수밖에 없을 것이다. 대한민국 물가상승 평균치가 1년에 약 4%에 육박한다고 한다. 이 얘기는 만약 내가 1천만 원이 통장에 있다면 내년에는 적어도 1040만 원은 돼야 작년과 똑같은 효과를 볼 수 있다는 뜻이다. 은행에서 나오는 금리를 고려하면 턱없이 부족하고 시간이 지나면 물가상승과 내 통장에서 잠만 자는 돈의 격차는 점점 심해질 것이다. 그래서 우리는 적금과 같은 원금 보장의 늪에 빠지면 안 된다. 1년에 꾸준히 4%의 수익을 내지 못한다면 내가 힘들게 벌어 모은 돈은 시간이 지나면 어쩔 수 없이 조금씩 줄어들 것이다.

　복리 중에 72의 법칙이라는 말이 있다. 72의 법칙은 내가 1년에 버는 수익률이 같다는 가정하에 수익을 다시 재투자하고 내년에 또 같은 수익률로 수익이 나고 또 재투자를 반복했을 때 원금의 2배가 되는 것을 말한다. 예를 들어 4%의 수익률을 매년 낸다고 가정하고 그 수익을 그대로 재투자한 뒤 4%의 수익률을 또 내는 것을 72의 법칙에 적용하게 되면 내가 가지고 있는 돈이 두 배가 되는 시점은 18년이라는 계산이 나온다. 하지만 아쉽게도 이 계산법은 수익에만 해당하는 것이 아니다. 꾸준히 매년 늘어나는 물가상승에도 적용을 할 수가 있다. 물가상승률이 평균 4%인 점을 고려하면 약 18년 후면 지금의 가격보다 약 2배가 상승을 한다는 것이다. 내가 지금 29살이니 18년 후인 47살쯤 되면 두 배가 된다는 것인데 여기서 암울한 이야기가 있다. 아까 위에서 설명한 대한민국 평균 노부부가 한 달에 쓰는 돈이 현재는 약 250만 원이라고 했다. 18년 뒤 물가가 두 배가 되는 것을 고려하면 한 18년 후에는 한 달에 약 500만 원의 돈이 필요로 한 것이다. 그뿐만 아니라 내가 65세가 되는 36년 후에는 한 달에 필요한 돈이 1000만 원이 되는 것이다. 만약 내가 열심히 건강을 지켜 60세까지 근로소득으로 돈을 벌고 남은 25년을 보내기 위해 필요한 돈은 일 년에 1억 2000만 원, 25년 동안은 30억 정도로 계산이 된다. 심지어 25년이라는 시간 동안 물가는 계속해서 상승한다. 내가 일하는 동안 만약 세금을 공제하고 1억의 연봉을 유지한다고 가정했을 시 30년 동안 1원도 안 쓰고 저축해야만 모을 수 있는 그런 돈이다. 만약 사회초년생이 세금 공제 후 1년에 3000만 원을 번다고 가정하면 무려 100년을 일해야 벌 수 있는 돈이다.

비록 시간이 지나 물가가 오르면서 임금도 분명 같이 오를 것이다. 하지만 노후 대비를 위해 저축을 꼭 해야 하는 돈과 비교했을 때 임금 상승률은 턱없이 부족할 거라는 생각이 든다. 평균 이상으로 돈을 버는 것이 힘들 순 있어도 우리는 최대한 긴

시간을 앞세워 돈을 공부해야 한다.

회사와 나라는 날 책임질 의무가 없기에

사실 우리가 근로소득으로 열심히 번 돈에는 꾸준히 나가는 세금이 있다. 그중에서 국민연금은 참 괜찮은 연금 제도 중 하나이다. 18세에서 60세 미만의 국내 거주 국민이라면 가입할 수 있는데 수령 나이가 되면 납부 금액과 기간에 따라 평생 연금을 받을 수 있는 제도이다. 보통 회사에 다니는 직장인 같은 경우 원천징수에 국민연금이 포함되므로, 짧은 기간이라도 일한다면 받을 수 있는 조건이 된다. 나라에서 국민의 노후에 보탬이 되고자 하는 연금으로 분명 노후에는 큰 도움이 될 수 있을 거라고 생각이 든다. 하지만 이건 어디까지나 지금 시점에 해당하는 이야기라고 생각한다. 현재는 시간의 흐름에 있어서 연금은 점점 줄어드는 추세에 접어들었으며 20·30대가 국민연금을 돌려받을 즈음이 되면 연금 전체가 고갈될 수도 있다는 전망도 나오고 있다. 그래서 우리가 국민연금만을 의지하며 노후에 안심하는 행동은 미친 짓이나 다름없다. 분명 우리가 연금을 돌려받을 때 도움은 되겠지만 턱없이 부족할 것이다. 그러니 연금뿐만 아니라 다른 무언가를 대비해야 하는 것이다. 그렇지 않으면 죽기 전날까지 우리는 노동을 해서 소득을 발생시켜야 한다.

상황에 따라 다르겠지만 언젠가 퇴사해야 하고 다른 곳에서 일을 할 수 있다면 다행이지만 만약 내가 근로소득을 창출할 수 없다고 하면 남은 돈으로 평생을 먹고살아야 한다. 정말 막막한 현실이 아닐 수 없다. 그리고 나의 인생의 많은 시간을 회사에서 보낸다고 해도 퇴직하면 거기서 끝인 거다. 회사는 더 이상 우리를 지켜 줄 의무가 없다.

대한민국. 평생 젊음을 바쳐 열심히 일하지만 노년엔 더 가난해지는 나라. 그러니 미리미리 준비해야 한다. 그래서 우린 투자를 해야만 한다.

나중에 한 번에 큰돈을 잃지 않고 굴리기 위한 연습을 하기 위해

위의 내용도 정말 중요하지만 사실 5번이 가장 중요하지 않나라는 개인적인 생각을 한다. 회사생활을 하면서 그리고 사회생활을 하면서 퇴직하시고 남은 인생을 꽃길을 걸으시는 분들도 매우 많았으나 모두 그렇지만은 않았다. 뉴스에서 많이 나오기도 하고 해서 한 번쯤은 책을 읽고 계신 분들도 비슷한 사연을 접할 수 있을 것이다. 아무것도 모르는 상황에서 누군가에게 사기를 당했다든지 혹은 누군가 종목을 추천해 줬는데 작전주여서 손실이 크다든지 등 매주 안 좋은 뉴스가 우리 주위에서 많이 나오고 있다. 여기서 중요한 것은 퇴직금을 모두 투자한 경우를 자주 볼 수 있다는 것이다. 대부분의 이런 사람들을 보면 모은 돈 전부가 퇴직금인 경우가 많을 것이다. 열심히 본인의 인생을 소비하며 번 돈으로 수익이 없이 남은 인생을 살아가야 하는데 그 돈을 다 남의 얘기만 듣고 투자를 했다는 것은 아마 수입이 없는 탓에 남은 돈으로 무엇이라도 해 보려고 하는 불안함을 가지는 바람에 잘못된 행동을 한다고 생각한다. 만약 적은 소액이라도 주식을 직접 해 보거나 다른 투자를 직접 해 봤다거나 경제에 관심을 아주 조금이라도 가지고 있다면 남들이 나에게 악마의 속삭임으로 접근을 할 때 말도 안 되는 이야기인 줄 알고 듣지도 않을 텐데 투자에 별 관심 없는 사람들은 잘 모르니까 누가 돈 벌었다고 하면 나도 할 수 있다는 마음만 가지고 따라 하다가 남은 귀한 돈마저 잃게 되는 현실이 참으로 안타깝다. 앞으로는 이런 일이 주위에서 아니 모든 사람이 당하시지 않았으면 한다.

누군가가 나에게 다가온다면 우선 경계해야 한다. 이유 없는 접근은 없다. 명심해야 한다. 그래서 우리는 공부를 해야 한다. 그렇지 않으면 내가 평생 열심히 힘들게 번 돈이 남의 지갑으로 순식간에 이동할 것이다.

6장

내가 투자해야겠다고 생각한
지난 어느 날

이제까지 아주 평범한 인생을 살아오던 나. 2022년 4월은 내 인생에 있어서 잊지 못할 악몽이 되어 버렸다. 나는 평소에 장난기는 많지만 많이 챙겨 주고 배려하는 성격 탓에 누군가의 힘든 부탁을 듣고 가만히 있지 못하는 성격이다. 나에게 돈 빌려 달라는 이야기를 하면 얼마나 힘들었으면 나에게 이런 이야기를 할까 하는 생각이 우선으로 들어 내가 현재 여유가 된다고 판단이 되면 흔쾌히 돈을 빌려주곤 했다. 하지만 그때의 경험을 겪고 나서는 그 어떤 누군가에게도 돈을 빌려주지 않았다. 돈만 빌려줬다 하면 그 후 돌아오는 건 돈을 갚기로 한 날의 원금이 아닌 내 마음의 상처뿐이었다. 돈을 빌려준 건 분명 난데 왜 내가 비참해져야 하는 걸까.

주식을 매우 열심히 하지만 나만의 원칙이 있기에 항상 현금을 보유하고 있었다. 언제 어떻게 돈이 급하게 쓰일지 모르니

약 1천만 원에서 2천만 원 사이는 예금통장에 고스란히 두곤 했다. 지인 분들이 급하다며 돈을 빌려달라고 월급날 꼭 갚겠다며 가끔 연락이 왔는데 한 번 빌려주기 시작하니 또 돈을 빌려달라고 이야기하고 무슨 돈 빌려주는 맛집으로 소문이 났나 주위에서 꾸준히 연락이 왔었다. 그렇게 하다 보니 짧은 시간 동안 동일한 시기에 총 2천만 원의 돈을 여러 명에게 빌려주게 되었다. 여기서 일차적으로 돈을 빌린 사람도 잘못은 있으나 그전에 가장 큰 잘못은 돈을 빌려준 나라고 생각한다. 상대방의 이야기를 듣고 마음이 약해져서 계속 빌려주다 보니 이런 상황이 발생했던 거 같다. 말만 하면 알아서 돈을 빌려주는 ATM 기계인데 만약 내가 돈이 없었어도 나 같은 사람에게 돈 빌려달라는 연락을 하지 않았겠느냐는 생각을 하게 되었다. 그렇게 조금씩 적립식으로 돈을 빌려주다가 난 결국 빈털터리가 되었다. 비록 지금은 돈을 다 돌려받았지만 그때의 나는 정말 비참한 인생을 살 수밖에 없었다. 만약 '인생에서 언제가 가장 힘들었어?'라고 말을 하면 당연히 그때를 떠올릴 것이다.

평범한 직장인이 아닌 부동산이라는 프리랜서 일을 하고 있었기에 교통사고와 코로나 확진으로 인한 나의 수입은 0원이었다. 통장의 잔고도 100만 원 이하로 되다 보니까 심리적인 불안감과 압박감이 클 수밖에 없었다. 우크라이나와 러시아의 전쟁 속에서 나의 주식도 엄청난 손실을 보고 있었으며 만약 그때 시중에 돈이 있었으면 손절을 하지 않았을 테지만 그나마 마이너스가 적은 주식을 조금씩 손절하며 살아가고 있었다. 본인의 돈까지 손절해가며 남들에게 돈을 빌려준 나는 누굴 탓할 게 아니라 모두 내가 만들어 낸 자업자득이라고 생각했다. 손실이 너무 커지는 거 같아 주식 손절은 멈추고 어떻게 이 상황을 잘 이겨내고 살아가야 할지 고민이 정말 많았다. 2022년 4월이 여자친구와 만난 지 4주년이 됐을 때인데 정확히 기억한다. 이날 내 통장 잔고는 4만 원이 전부였다. 지인에게 돈을 빌려줬던 이야기를 하지 않았던 나이기에 여자친구에게 선물을 사줄 테니 조금만 기다려달라고 이야기를 한 뒤 돈을 빌려줬던 사람들에게 여자친구에게 선물을 해줘야 하는데 급하게 일부만이라도 제발 달라고 사정사정 이야기했으나 돌아오는 건 미안하다는 사과뿐이었다. 이때 느꼈다. 돈을 빌려달라고 할 땐 빌려달라고 하는 사람이 을처럼 행동하고 돈을 빌려준 뒤는 빌려준 사람이 을이 된다는 것을. 힘든 상황인 건 맞았으나 그렇다고 나이 28살에 부모님에게 상황을 말씀드리고 돈을 빌리자니 너무 불효 같아서 부모님께는 상황을 말하지 않았다. 이 책을 읽지 않는다면 아마 평생을 모를 것이다. 그런 암울한 상황에서 나는 결국 여자친구에게 사실을 말했고 당장 어떻게 해야 할지 생각했다. 하지만 아무리 생각해도 방법이 떠오르지를 않았다. 가장 좋은 방법은 간단했다. 그냥 빌려준 돈을 받는 것이었다. 하지만 4월

설상가상으로 발목 인대까지 끊어지는 바람에 수술과 병원 입원을 하게 되었다. 그리고 약 두 달이라는 시간 동안 깁스를 해야 했고 정상적으로 생활하기가 매우 힘든 상황이었다. 정말 앞이 막막한 현실이었다. 그때 당시를 표현하자면 눈앞에 높은 언덕이 보이는데 그 뒤에 더 높은 언덕이 보이는 그런 느낌이었다. 그렇게 통장의 돈은 점점 줄어만 가고 그렇다고 돈을 벌 수도 있는 몸 상태는 또 되지 않았으니. 그래서 아픈 몸을 이끌고 양손에 목발을 사용하여 깊은 한숨과 함께 직거래 플랫폼을 이용해 기존에 조그맣게 했던 액세서리를 한둘씩 팔기 시작했다. 그때 돈이 없다는 것이 얼마나 비참하고 속상한 일인지 뼈저리게 느꼈다. 두 달의 시간이 지나 다리가 잘 치료되어 정상적으로 생활은 가능했다. 하지만 그때도 빌린 돈을 받지 못한 상황이었기에 난 어쩔 수 없이 월급이 불규칙한 프리랜서의 일을 그만두고 평범한 회사에 입사하게 되었다. 돈이 없을 때 고정 수입이 없다는 것이 나를 얼마나 힘들게 하는지 알아 버렸다. 그리고 통장에 돈이 없다면 얼마나 불편하고 불행한지 깨달을 수 있었다.

돈이 없을 때 할 수 있는 거라곤 그렇게 많지 않았다. 뭘 하려고만 하면 돈이 필요했기 때문이다. 그중 가장 재미있고 시간이 잘 가는 것은 방에 누워 천장을 바라보며 멍을 때리는 것이었다. 다리도 다치고 아무래도 집에 있는 시간이 길다 보니 많은 시간을 그렇게 보내곤 했다. 그러다 한번은 이제까지 어떻게 살아왔나 과거 생각을 하면서 또 미래에 대해 깊은 생각에 빠진 적이 있었다.

내가 생각하는 우리 집은 내가 어렸던 과거에 가난한 편에 속했다고 생각한다. 내가 태어나고 부모님께서는 다니시던 직장을 그만두시고 할아버지, 할머니가 계신 청주로 이사를 하셨다. 직장에서 나온 아버지는 사업을 해 보겠다며 술집을 차리셨고 직장생활만 하시다가 처음 사업을 하신 아버지는 회사에서 열심히 일해서 번 돈과 퇴직금마저 대부분 잃게 되었다고 한다. 남은 돈으로 건물 1층에 있는 조그마한 슈퍼마켓을 전세로 들어가서 아버지와 어머니가 함께 장사하셨다. 슈퍼마켓도 그렇게 좋은 형편은 아니었다. 우리 집은 슈퍼마켓 안에 창고를 리모델링해서 만든 방 두 개가 전부였다. 붙어 있는 방도 아니고 저 멀리 슈퍼마켓 끝과 끝에 떨어져 있는 방 두 개였다. 거실은 물론 있지 않았고 화장실과 주방은 건물 밖으로 나가야만 사용을 할 수 있었다. 나에겐 친누나가 있는데 누난 부모님과 함께 살았지만 난 초등학교 입학하기 전까지 할아버지, 할머니와 함께 살았다. 아무래도 집 구조상 내가 같이 살기에 버거운 건 사실이었다. 일주일에 한 번 정도 부모님을 뵈러 갔었다곤 한다. 할아버지와 할머니가 사시는 곳엔 초등학교가 없었기 때문에 결국 나는 초등학생이 됨과 동시에 부모님이 계시는 슈퍼마켓으로 가게 되었고 어쩔 수 없이 4명이서 같이 살기로 했다. 누나와 한방에서 같이 살아야 한다는 것이 좀 낯설기도 하고 많이 불편할 수밖에 없었다. 누나와 정말 많이 싸웠던 거 같다. 그냥 눈만 마주쳤어도 싸웠는데 나이 차이도 있고 그때 당시 비교적 덩치가 작았던 나이기에 정말 신나게 많이 맞았다. 그러한 경험이 쌓일 때마다 부자가 되고 싶은 마음이 매우 컸었다. 돈만 많았으면 이렇게 누나한테 안 맞을 수 있겠다는 생각을 했다.

철이 없던 시절이었는지 괜히 이런 상황이 싫었고 부모님이 밉기만 했다. 그리고 누나랑 한방에서 살다 보니 친구를 집에 데려오면 누나랑 셋이 한방에 같이 있어야 했다. 그때 당시 세상에서 제일 부러운 사람이 본인 방이 있는 사람이었다. 지금 생각해 보니 친구에게도 누나에게도 미안했던 행동이다. 이제라도 와서 사과해야지. 아니다. 누나도 친구들 많이 데려왔었다.

그렇게 가난의 늪에서 허우적댈 때 아버지께서는 이대로 가면 안 되겠다면서 돈을 벌어오겠다고 막노동을 시작하게 되었다. 그때는 일당을 받는 일용직 일을 하셨다. 내가 아는 우리 아버지는 성실함과 책임감이 정말 대단한 사람이었다. 물론 시간이 지난 지금도 마찬가지다. 가족을 등에 짊어지고 힘든 일, 안 힘든 일 구별 없이 돈이 되는 일은 다 했었다. 그런 아버지의 사랑 덕분에 우리 가족은 내가 초등학교 5학년 때인 2006년에 30평 아파트로 이사를 할 수 있게 되었다. 드디어 꿈에 그리던 내 방이 생겼다. 물론 아버지의 노력만 있었던 건 아니다. 어머니도 불가피하게 가게를 못 여는 상황을 제외하고는 일주일 내내 슈퍼마켓을 아침 7시부터 자정까지 하루도 빠짐없이 영업하셨다. 그리고 누나와 나는 서로 주먹다짐하면서 크긴 했으나 성인이 된 지금까지도 사고를 한번도 치지 않았다. 힘든 상황에서 잘못된 방향으로 성장을 했을 수도 있지만 부모님의 사랑으로 인해 잘 자랄 수 있었던 거 같다. 그리고 아마 난 누나에게 많이 맞아서 잘못된 행동을 생각하면 누나한테 혼나거나 맞겠다는 생각을 먼저 하게 되었던 거 같고 누나는 스트레스를 받으면 나와의 주먹다짐으로 풀었던 거 같다. 이렇게 말하지만 지금 사이는 매우 좋다. 그 이유는 따로 살기 때문이다. 지나가니 다 추억이다. 그렇게 이사 간 아파트에서 누나와 나는 무럭무럭 자라고 아버지와 어머니는 예쁘게 나이를 드시곤 했다. 그 사이 일용직으로 일을 하루도 빠짐없이 성실히 일하시던 아버지는 매일 일을 해서 돈을 버는 근로자에서 본인의 사업을 차리신 자본가가 되셨고 그 결과 아버지가 하시던 건설업이 잘 돼서 엄청난 부까지 이루신 건 아니지만 그래도 가난의 굴레에서 벗어나 아주 평범한 가정이 되었다. 어렸을 때부터 가족을 위해 희생하시고 노력하신 모습을 많이 봐 온 덕에 가장 존경하는 사람이 자연스레 아버지가 되었다. 본인을 희생하는 게 진정한 가장이 아닐까 싶다.

아버지의 사업이 안정적으로 되었을 때 난 중학교 3학년쯤이 되었다. 이때부터 아버지는 나에게 용돈을 또래 친구들과 비교하면 많이 주셨다고 생각한다. 중학교 3학년 때는 한 달에 50만 원씩 그리고 고등학교 때는 70만 원 그리고 대학교 때는 무려 100만 원의 용돈을 주셨다. 어쩌면 직장생활을 하는 지금보다 그때가 경제적으로 더 여유로웠던 거 같다. 중학생 때 당시 대한민국 최저시급이 4000원쯤 되었던 걸 고려하면 그때 당시 50만 원은 중학생뿐만 아니라 일반 성인에게도 큰돈이었다. 많은 용돈을 받았던 중학생 때부터 고등학생 때까지는 돈을 흥청망청 쓰기 바빴다. 의식주가 다 해결되는 학생의 신분 상황에서도 거금이 한 달에 한 번 빠짐없이 들어오다 보니 실질적으로 쓸 수 있는 돈은 많은 편에 속했다. 마음에 드는 옷이나 물건들은 가격이 비싸더라도 한 달 용돈을 여러 달로 쪼개어 버티며 다음 달에 들어오는 용돈을 모아 비싼 물건을 아무렇지 않게 사기도 했다. 특히 최신 기기가 나오면 새로운 것으로 자주 바꾸곤 했다. 그리고 그때그때 생각이 나서 먹고 싶은 음식은 산 다음 다 먹지도 않고 버리는 일은 태반이었고 아주 가까운 거리도 도보나 대중교통이 아닌 택시로만 이동했었다. 돈을 쓰면 쓸수록 나만 게을러져 갔다. 시간이 지나 역시 내 통장에 남은 돈은 거의 없었다. 그렇게 소비하는데 돈이 남아 있는 게 이상할 정도였다. 분명 다른 친구들보다 많이 받는데 더 많이 쓰기만 하고 남는 거 하나 없이 허탈하기만 했다. 그리고 학창 시절에 보여주기식으로 샀던 명품 물건을 보며 허탈한 느낌을 많이 받았다. 그때의 경험을 바탕으로 소비재로 인해 보여지는 부는 결코 행복한 삶이 아니었음을 깨달았다.

내 인생을 사는 건지 남에게 나 이런 사람이에요를 과시하려고 보여 주는 인생을 사는 건지 많은 생각을 하게 되었다. 그리고 과거에 불필요한 소비가 절정에 달했을 때 난 이대로 살면 안 되겠다는 생각이 들었다. 그래서 지금이라도 정확한 문제점을 찾아 뜯어고쳐야 한다고 생각했다. 그때 당시 나의 가장 큰 문제점은 아무래도 무분별한 소비가 가장 큰 원인이었다. 소비에 집중하고 기본적인 틀이 있어야 절제가 되고 저축도 되고 하는데 그런 게 없다 보니 아무리 아버지가 용돈을 많이 주셔도 돈을 한 푼도 모으지 못했던 거라고 생각한다. 그래서 불필요한 소비를 점차 줄이기로 하고 한 달에 꼭 필요한 소비를 총정리한 뒤 나머지 돈은 저축하기로 결심했다. 그렇게 했더니 돈이 너무 쉽게 모이는 것을 보고서는 비교적 어린 나이에 저축의 맛을 알아 버렸고 불필요한 소비를 더 과감하게 줄일 수 있었다. 그렇게 성인이 되고 돈을 차곡차곡 모아 직장인이 되기 전 열심히 모은 돈의 일부를 가족들에게 드렸다. 그때 모인 돈보다 학창 시절에 깨달은 소비 습관이 나에겐 더 값진 경험이었다.

대학교를 졸업 후 첫 회사에 다니다 시간이 흘러 주말에 아버지를 만나 동네 조그마한 호프집에 가서 맥주를 먹은 적이 있었다. 아버지와 맥주를 한 잔하면서 힘들게 살아온 과거 이야기를 하다가 문득 왜 학창 시절의 나에게 많은 용돈을 줬는지 이유가 궁금해져서 물어본 적이 있었다. 아버지께서는 돈을 최소한으로만 주고 돈을 아끼라는 것은 돈을 어떻게 써야 할지 생각을 할 수 있는 게 아니라 단순히 돈이 없어서 못 쓰기 때문에 진정으로 본인에게 맞는 소비에 대해 알 수가 없다는 것을 아셨다고 한다. 그렇지만 돈이 충분히 있는 상황에서도 만약 소비를 조절할 줄 안다면 내가 사회에 나가서 돈을 벌 때 분명 큰 도움이 될 거라는 생각이 들었다고 하셨다. 다행히도 난 아버지의 바람대로의 소비 습관을 깨달았다. 만약 거기서 깨닫지 못했다면 지금까지도 흥청망청 돈을 쓰기 바빴을 것이다. 그때의 깨달음 덕에 시간이 많이 흐른 지금까지도 월급이 들어오면 한 달에 나에게 필요한 고정지출을 제외한 모든 돈을 저축하거나 투자하고 있다. 하지만 아버지께서는 오로지 저축만을 강조하셨다. 욕심부리지 않고 저축만으로도 충분히 노후가 대비된다고 이야기하셨다. 나에게 있어서 가장 존경하는 분이긴 하지만 그 부분에서는 확실히 반대의 생각을 가지고 있다. 그 이유는 우선 아버지는 저축만으로도 노후가 가능했던 시기를 직접 사셨던 분이셨다. 아버지의 20대 때는 은행 1년 적금이 20%가 넘는 경우도 있었다. 나도 만약 은행 금리 20%가 보장된다고 한다면 그 어떤 투자도 하지 않고 거기에 모든 돈을 넣었을 것이다. 하지만 현재의 금리는 물가상승률보다 저조하기에 내 돈을 은행에 넣는다고 해도 매년 적자를 피하지 못할 것이다. 명심하자. 현금의 가치는 시간이 지날수록 떨어진다. 그리고 아버지는 지금 하는 사업으로 다행히 가난에서 벗어나 그렇게 부유하진 않지만 평범한 노후 대비를 다 해 놓으신 상황이라고 생각한다. 그러다 보니 단순히 저축으로도 충분하다고 생각하시는 거 같다. 무엇보다 가난에서 평범한 인생과 노후 대비를 준비하셔서 있는 돈을 투자해서 돈을 더 벌자는 마음보다는 가난이 얼마나 무서운지 아시기에 지금의 가진 돈을 안 뺏기기 위해 저축을 강조하시는 거 같다. 하지만 매년 올라가는 물가상승을 고려하면 노후 대비로는 턱없이 부족한 월급을 받는 사회초년생들에게 저축만을 하는 것은 엄청나게 큰 독에 작은 용기로 조금씩 물을 붓는 거와 같은 행동이라 생각한다. 물론 소비하는 거보다 저축이 더 올바른 행동이긴 하나 오로지 저축만 하는 것으로는 미래에 절대 평범한 인생도 살 수 없을 것이다.

작년에 돈을 빌려주면서 힘들었던 시절에 비해 지금은 괜찮으나 과거에는 힘들었던 우리 가족을 보며 난 돈이 엄청 많은 부자는 아니더라도 평범하게 내가 지켜야 할 사람들과 살아가기 위해서는 돈이 많이 필요하다는 생각을 늘 하고 있다. 지금은 혼자만 책임을 지면 되는 상황이기에 나가는 돈이 그렇게 많지 않아 돈에 대해 덜 부담이 되는 건 사실이다.

하지만 시간이 지나 언젠가 누군가를 지켜야 하는 상황은 꼭 올 거라고 믿기에 미리 준비하는 게 좋을 거 같다는 생각을 늘 하고 있다. 만약 갑작스럽게 그런 상황이 발생했을 때 내가 가진 돈으로 해결을 할 수 없다면 너무 답답하고 막막할 거 같다는 생각이 든다. 그리고 나도 스스로가 아닌 누군가에게 돈을 빌려야 할 수도 있는 상황이 올 수 있다는 생각이 든다. 하지만 그러고 싶진 않다. 어렸을 때 가난은 누구를 탓할 수 있지만 어른이 되어서의 가난은 본인 탓이기 때문이다. 평범한 20대 직장인 월급이 많으면 또 얼마나 많겠는가. 돈을 한 푼도 쓰지 않고 저축해도 본인의 노후가 보장되지 못하니. 그래서 내가 저축만 하는 거보다 돈을 더 벌 수 있다고 생각한 것은 올바른 주식 투자 방법이다. 책 앞에 실린 과거에 하던 투자방식은 모래로 모래성을 쌓는데 이 모래성이 금방 큰 집이 될 거라는 허망 된 꿈을 꾸며 일확천금의 투자 방법이었다면 지금은 모래성의 규모를 조금씩 조금씩 키우다가 시간이 많이 흘러 돌아보았을 때 내가 짓고 있던 모래성의 크기가 큰 집보다 커지는 매우 안전하고 확실한 투자 방법을 고집하고 있다.

부동산도 투자에 있어서는 괜찮은 투자라고 생각이 들지만 나에게 적합한 투자 방법은 주식에 더 가깝다고 생각한다. 주식이 투자에 더 좋네, 부동산이 투자에 더 좋네 정의 내리는 거보단 본인의 성향에 맞는 투자 방법을 추구하는 것이 옳다고 생각한다. 부동산이 나에게 맞지 않은 이유는 우선 주식보다 큰 액수로 시작을 할 수 있다는 단점이 있다. 우선 사회초년생과 마찬가지로 나에게는 그렇게 큰돈이 없다. 다만 주식 같은 경우는 그렇게 큰돈이 없더라도 용돈을 아껴서 1주, 2주 사 모을 수 있다. 그리고 부동산 같은 경우 만약 너무 비싼 가격에 샀다고 하면 가격이 오를 때까지 기다릴 수밖에 없는 치명적인 단점이 있으나 주식은 가격이 내려갔을 때 같은 종목을 추가로 매수하여 본인이 처음 매수한 가격보다 가격을 떨어뜨릴 수 있는 장점도 충분히 매력적이라고 생각한다. 조물주 위에 건물주라는 말이 있을 정도로 건물주가 부러웠던 과거지만 부동산 일을 한 뒤로는 건물주 분들도 건물주 분들만의 스트레스를 받겠다는 생각이 들었다. 우선 부동산 일을 하기 전 방을 구하기만 했을 때는 집주인을 잘 만나야 한다는 세입자 관점에서 생각했으나 부동산 일을 하다 보니 집주인 관점에서도 세입자를 잘 만나야 한다는 것을 깨달았다. 월세 및 관리비가 밀리는 세입자, 소음으로 인해 민원이 많이 들어오는 세입자, 분리수거 안 하고 막 버리는 세입자, 금연 구역에서 흡연하는 세입자 등 보통 스트레스가 아니라고 한다. 그리고 또 다른 문제는 건물의 노후화에 대한 이야기도 많이 했다. 건물은 어쩔 수 없이 시간이 지나면 노후가 되기 마련이다. 그렇게 되면 일차적인 문제로 땅값의 상승은 있을 수 있으나 건물 자체의 가격은 어쩔 수 없이 하락할 수밖에 없다. 그리고 세입자 기준에서도 지은 지 얼마 안 된 집에서 살기를 희망하기 때문에 새로 지은 건물에 비해 공실률이 높을 수도 있다. 다만 위치가 엄청 좋으면 시설이 좋지 않아도 가격이 오르긴 하겠으나 애초에 그런 건물이 있는 곳은 땅 값이 매우 비싸게 형성이 되어 있을 것이다. 투자 비용이 많이 들어간다는 단점도 있다. 마지막으로 꾸준한 투자가 지속되어야지만 세입자를 꾸준히 받을 수가 있다. 새로운 세입자가 입주할 시 부동산에 내야 하는 중개 수수료와 노후화된 가전제품의 교체 및 수리는 물론이고 만약 세입자가 전입신고 후 연말정산을 요청한 경우 세금까지 내야 하고 의외로 나가는 돈이 많다.

물론 단점만 있는 것은 아니다. 공실 없이 임대를 잘 유지한다고 하면 꾸준한 현금흐름을 만들 수 있으며 숨만 쉬어도 돈이 들어오는 구조를 만들 수가 있다. 그리고 땅은 언제나 유한하기에 땅값 상승으로 인한 시세차익도 노려볼 수 있다고 생각한다. 그리고 주식에 비해 확실히 안정적이라는 장점을 가지고 있다. 하지만 나에게 있어서는 모든 상황을 봤을 때 주식이 좀 더 적합한 투자처라고 생각한다.

난 평범한 직장인이지만 미래에 평범한 노후생활을 보내기 위해 지금부터 준비하고 있다. 많은 사람이 서른도 안 된 놈이 뭔 벌써부터 노후 대비냐고 많이들 이야기하시는데 인생은 우리가 생각하는 거보다 훨씬 짧다고 생각한다. 그리고 내가 근로소득으로 돈을 벌 수 있는 시간은 더더욱 짧다.

인생은 워낙 짧아서 부정적인 생각을 하기엔 너무 시간이 아깝다. 하지만 일을 하지 못하거나 그만두는 상황에서 남은 인생을 평범하게 살아가야 할 최소한의 돈이 없으면 남은 인생 중 절반에 가까운 시간이 부정적으로 변할 것이라는 생각이 들기에 충분한 노후 대비가 하루라도 빨리 시작돼야 한다고 생각한다. 그것이 미래에 내 가족을 지키는 올바른 행동이라고 생각한다. 지금 사고 싶은 물건을 못 사면 불편할 수 있지만 돈이 없을 때 나에게 있어 꼭 필요한 물건을 사지 못한다면 불행할 거 같다. 안 사는 거와 못 사는 것은 천지 차이라고 생각한다. 그래서 우리는 인생을 축구로 비유하자면 후반전을 평범하게 보내기 위해 전반전에 큰 노력을 해야 한다. 전반전에 열심히 하고 후반전만큼은 쉬엄쉬엄 살고 싶다.

7장

느긋한 나에게
최적이 되어 버린 투자 방법

책 앞에서도 소개했듯이 전에 하던 투자는 단순하기 짝이 없었다. 급등하는 종목, 유행하는 종목, 상한가 따라가는 종목, 이름이 예쁜 종목 등 나만의 주식투자 기준 없이 매수와 매도를 해 왔던 거 같다. 그렇게 하다 보니 당연히 결과는 좋은 매도보단 안 좋은 매도가 더 많이 나왔다. 이대로는 건강한 주식투자가 될 수 없을 거라는 생각이 들어 나에게 맞는 주식투자가 무엇인지 찾아 공부해야겠다고 생각했다. 주식 공부를 하기에 있어서 우선 나의 주식 성향을 파악하는 게 중요하다고 생각했다. 3년간 주식을 하면서 어떤 성향의 투자자인지 파악을 하던 중 난 쫄보형이라는 결론이 나왔다. 우선 많은 개미 분들이 그렇겠지만 공부를 열심히 한 종목이 원금 대비 마이너스 50%가 되더라도 언젠간 오르겠지 하고 희망 회로를 돌리며 잘 버티는데 상승할 때는 10% 정도만 오르면 냅다 매도하는 것이다. 그 후로 그 종목은 좋은 종목으로써 더 크게 상승하는 것이다. 물론 언론 매체를 통해 주위에서 많이들 보겠지만 한 종목으로 2, 3배의 수익을 냈다는 것을 접할 수 있을 것이다. 내 생각에는 그 이상의 수익률은 수만 명 중 한 명에게 속하는 수익률이라고 생각한다. 대부분의 주가 상승은 상승과 하락을 통해 올라가지만 수익이 나는 상황에서 살짝 하락할 때 더 떨어지면 어쩌지라는 마음에 수익 실현을 하는 경우가 대부분일 것이다. 나 또한 마찬가지이다. 오히려 마이너스가 마음이 더 편하고 머리가 덜 아픈 거 같다. 참 슬픈 현실이다. 사실 반대로 해야 큰돈을 번다고 생각한다. 원금의 마이너스 10%일 때 과감히 손절을 하고 원금에서 수익이 50% 날 때 매도를 해야 하는데 다짐하고 또 해 봐도 난 매번 똑같은 실수를 반복하기만 했다. 난 어쩌면 큰 그릇이 되기에는 힘든 사람인가 보다.

내가 이토록 주식에 집착하는 이유에도 생각을 해 본 적이 있다. 일확천금을 노려서 퇴사하려는 건 아니고 당장 좋은 차를 사려고 하는 것도 아니고 그럼 무엇일까 생각이 들었지만 결국에 지금 최종목표는 전에 통장에 돈이 없었던 시절을 겪고 난 후 평범한 노후 대비가 가장 큰 목표였다. 아까도 말했듯이 노후 대비에도 정말 큰돈이 들어가니 지금이라도 차근차근 나에게 올바르고 최적인 투자를 해야겠다는 생각이 들었다. 주식 공부와 나의 성향을 파악한 결과 나에게 맞는 주식투자 방법은 배당을 이용한 투자라는 것을 깨달았다.

배당은 정말 매력적이다. 꾸준한 현금흐름을 만들 수 있기 때문에 장기간 투자를 한다면 큰 수익을 벌 수 있는 구조이다. 그럼 조금 더 배당이 무엇인지 알아보자.

배당이란 주식회사가 이익금의 일부를 현금이나 주식으로 할당하여 자금을 낸 사람이나 주주에게 나누어 주는 일이다. 단순하게 이야기하자면 내가 주식을 매수함으로써 나는 그 회사의 투자자가 된 것이고 그로 인해 그 회사에서 수익이 나게 되면 투자자인 나에게 수익의 일부를 전해 주는 것이다. 한국 주식 배당은 보통 1년에 한 번, 반기에 한 번, 분기에 한 번이 있는데 대부분의 종목은 1년에 한 번 하는 배당정책을 보여 주고 있다. 배당은 1주만 소유하고 있어도 나오며 1주당 얼마에 따라 배당률이 결정되기도 한다. 예를 들어 1주당 배당 500원이라고 가정을 했을 시 만약 1주가 1만 원이라고 하면 1만 원에 500원이라는 게 형성이 된다. 그러므로 그 종목의 배당률은 5%가 되는 것이다.

배당투자는 수익의 일부를 주주들에게 돌려주기 때문에 영업이익을 재투자하지 않아도 꾸준한 수익이 나오는 회사가 적합하다는 생각이 든다. 예를 들어 제조업 같은 경우 공장을 24시간 가동하고 쉬는 공장이 없다고 한다면 올해 번 영업이익으로 땅을 사고 건물을 짓는 등 투자가 필요하다. 그러면 자연스레 주주들에게 돌아오는 배당은 적을 수밖에 없으며 꾸준한 배당투자로는 적합하지 않다고 생각한다. 하지만 재투자로 인해 매출과 영업이익을 꾸준히 늘리겠다는 목표이니까 배당보다는 주가 상승을 노려볼 수 있다. 그것도 괜찮은 투자이지만 난 배당투자가 목표이니 나에게 적합한 투자 방법은 아니다. 다시 본론으로 돌아와 배당금을 많이 받으려면 결국 재투자 없이도 매출이 꾸준히 상승해야 한다. 그런 업종은 보통 네트워크 기반일 확률이 높다. 내가 그렇다고 생각하고 투자하고 있는 배당 업종에 대해 몇 가지 써 보겠다.

우선 우리나라 대표 배당 업종에는 은행주가 있다. 은행업 같은 경우 공장을 따로 지을 필요가 없다는 장점이 있으며 요즘같이 금리가 올라가게 되면 은행업의 매출도 좋게 나오고 그렇게 되면 그 돈이 배당으로 다시 주주들에게 돌아가는 셈이 되어 버린다. 그리고 은행업은 기술의 발전으로 인해 사람이 아닌 로봇이 상담을 해 주는 경우가 점점 늘어나는 추세에 있다. 이 이야기는 은행업에서 일하시는 분들께 들어갈 인건비가 절약되면서 회사에서는 영업이익이 자연스레 좋아질 거라는 뜻이라고 생각한다. 그리고 은행의 대부분 매출이 은행 이자로부터 나오는데 잘 생각해 보면 적금을 들어서 이자를 받는 거보다 예·적금을 들어 놓은 은행 주식을 사는 게 낫지 않나라고 생각한다. 그 이유는 어차피 내 돈을 맡긴 대가로 적은 이자를 주고 그 돈을 다른 사람에게 빌려줌으로 인해 많은 돈을 받는다는 게 어떻게 보면 억울한 거 아닌가. 어차피 은행 망하면 내 돈도 못 돌려받으니 그냥 그 업종 주식을 사서 배당을 받는 게 현명하다고 생각한다. 하지만 이런 은행주도 무조건 좋다고는 할 수 없다. 만약 금리가 하락하게 된다면 은행 이자도 적어지기 때문에 매출과 영업이익이 좋게 나올 수 없기도 하다.

두 번째로는 금융주다. 금융주 같은 경우 은행업과 마찬가지로 굳이 공장을 건설할 필요도 없고 네트워킹 기반으로 운영되고 있다. 금융주는 주식 거래가 활발할 때 매출과 영업이익이 잘 나온다. 그 이유는 보통 금융주의 매출은 주식 수수료의 지분이 크기 때문이다. 수수료가 많이 나오기 위해선 거래량이 많아야 한다. 결국에는 금리가 낮아져야만 한다. 그래야 사람들의 투자심리가 올라가며 이자가 저렴한 대출을 받아 투자하기 때문이다. 하지만 지금 같이 금리가 인상되는 상황에서는 사람들의 투자심리가 위축이 되어 버리기 때문에 실적이 그렇게 좋게 나오진 않는다. 하지만 난 금융주가 금리 인상으로 인해 매출이 잘 나오지 않아도 걱정하지 않는다. 그 이유는 금리 인상에 혜택을 받는 은행주도 같이 가지고 있기 때문이다. 이 두 업종을 비교하면서 배당이 나오면 실적이 안 좋은 업종을 추가로 매수하고 또 배당이 나오면 실적이 안 좋은 회사를 또 값싸게 매수한다. 두 업종이 시소를 타면서 오르락내리락하기 때문에 싸게만 산다고 하면 꽤 괜찮은 배당투자라고 생각한다.

　세 번째로는 카드주가 있다. 카드주 또한 매출을 늘리기 위해 특별히 재투자를 해야 할 필요가 없기 때문에 매출과 영업이익만 꾸준하다면 배당도 꾸준히 잘 나올 거라 생각한다. 예전에는 대부분 현금을 사용했으나 지금은 어딜 가나 모두 카드를 이용하기 때문에 앞으로도 시간이 지나면 사용량은 늘어날 거라고 생각한다. 대부분의 회사 가입 수가 매년 늘어나기 때문에 매출과 영업이익은 꾸준히 늘 거라고 생각한다. 그렇게 생각하는 이유는 아무래도 성인이 된 후부터 신용카드를 사용하다 보니 그 전까지 사용하지 못하던 이용자가 매년 가입하는 현상 때문이라고 생각한다. 그리고 보통 신용카드 같은 경우 한번 만든다고 해서 잘 해지하지도 않고 한번 쓰는 카드는 혜택과 편의성 때문에 해지하지 않는 경우도 많기 때문에 안정적이라는 생각이 든다. 개인적으로 카드주가 정말 매력적이라고 생각하는 이유는 수많은 사람의 소비 습관을 보고 알 수 있었다. 사회초년생을 포함하여 수많은 직장인의 소비를 보면 월급 비해 비싼 물건도 아무렇지 않게 사는 것을 흔하게 볼 수 있다. 사과 모양 로고가 박힌 제품이라든지 자동차라든지 명품 가방이라든지. 이런 소비를 보며 분명 일시불로 사는 사람보다 할부로 사는 사람이 많을텐데라는 생각을 하게 되었고 그런 소비에서 가장 득을 보는 곳은 신용카드 회사라는 생각이 들었다. 돈으로 돈을 쉽게 버는 모습을 보고 카드주를 안 살 이유가 없다는 생각이 들어 매수를 꾸준히 하고 있다. 친구가 비싼 물건을 샀다고 자랑할 때 왠지 모르게 나의 입꼬리가 올라가는 요즘이다.

마지막으로 배당투자에 괜찮다고 생각하는 업종은 보험주이다. 보험주도 위의 세 업종과 마찬가지로 네트워크 기반으로 진행이 되기 때문에 높은 배당률을 유지하고 있다. 보험 같은 경우도 카드와 같이 계약 기간이 있기 때문에 오랫동안 바꾸지 않고 지속해서 보험을 유지하는 경우가 많다. 그리고 빠른 속도로 진행되는 고령화를 고려해 보면 지금보다 더 많은 나이를 살아야 하므로 보험에 더 관심을 많이 가지고 많은 돈을 투자하지 않을까라는 생각이 든다. 보험주의 장점은 대부분의 사람들이 하나의 보험은 필수라는 마음으로 가입을 하기 때문에 보험 회사의 고객층은 전 국민에 가깝다는 생각이 든다.

이렇게 총 4개의 업종을 이야기했는데 업종에 속하는 회사의 연 배당은 보통 5%가 넘는 수익이다. 절대 적은 수익이 아니다. 일 년에 올라가는 물가상승률 4%를 비교해 보면 괜찮은 투자라고 생각한다. 배당을 많이 주는 회사는 10% 이상을 주는 곳도 의외로 꽤 있다. 하지만 배당투자할 시 주의해야 할 사항이 몇 가지 있다. 우선 매년 늘어나는 매출과 영업이익이다. 매출과 영업이익이 회사에서 꾸준히 늘어나야 올해 받을 배당도 그리고 미래에도 주가가 유지가 되기 때문이다. 만약 일시적인 매출과 영업이익이라면 이게 내년 그리고 미래에도 꾸준히 유지 및 상승이 가능할지 꼭 생각해 볼 필요가 있다. 그리고 배당률이 매년 상승하거나 유지하는지도 확인해야 한다. 배당을 안 하다가 매출과 영업이익이 갑자기 크게 발생하여 일시적으로 배당하는 회사는 사실 꾸준한 배당투자하기에는 적합하지 않다. 일시적으로 배당을 줬다는 건 내년 그리고 미래에는 배당 보장을 못 할 수도 있다는 뜻이기도 하다. 내가 투자한 회사가 미래에도 전망이 좋은 업종인지 파악하는 것이다. 지금 당장 매출과 영업이익이 잘 나오지만 만약 미래에 후퇴하는 업종이라면 장기투자로는 적합하지 않다. 배당을 꾸준히 받다가도 만약 회사의 후퇴로 인해 주가는 무너져 내리고 거기에 배당을 그만하는 경우가 발생할 수 있기 때문에 미래에도 괜찮은 업종인지 꼭 확인해야 한다. 마지막으로 규모가 가장 크고 매출과 영업이익이 가장 큰 업종의 1등 회사를 매수하는 것이 좋다고 생각한다. 경제 위기가 크게 왔을 시 작은 회사들은 큰 위기가 오겠지만 그런 위기는 가장 큰 회사에는 독점을 할 수 있는 오히려 좋은 위기이다. 그러기에 안전한 배당투자를 하기 위해서는 작은 회사에 투자하는 것을 신중히 선택해야 한다.

업종의 1년 매출과 영업이익에 따라 배당금에는 매년 기복이 조금 있으나 그렇게 큰 차이는 있지 않다. 한 회사에 투자했을 시 하락하는 경우 한번에 재산에서 큰 부분을 잃게 되고 현금

흐름이 원활히 되지 않는다는 점을 고려해 업종당 여러 종목으로 분산을 해놓았기 때문에 내가 받는 배당금은 매년 일정하지는 않다. 그래도 1년에 적어도 7%의 배당 수익은 꾸준히 내고 있다. 현재 받는 배당금은 1년에 세금을 제외하고 약 450만 원에 가까운 돈을 받고 있다. 부동산 월세의 수익률과 놓고 봐도 절대 나쁜 수익률이 아니라고 생각한다. 1년에 7%는 사실 그렇게 많은 투자 수익률은 절대 아니다. 7%면 하루에 급등하는 주식을 잘만 고른다고 가정했을 때 몇 분이면 충분히 낼 수 있는 수익률이기도 하다. 하지만 급등주를 매수한다는 것은 심리적으로 쫄보인 나에게 있어서 홀짝과 같은 도박을 한다는 것이고 배당투자를 장기적으로 꾸준히 한다는 것은 쫄보인 나에게 마음 편히 할 수 있는 투자 방식이다.

요새 재미를 들리고 하는 배당투자 방법은 적립식 투자이다. 말 그대로 수익이 생길 때마다 배당주를 1주, 2주 사서 내년에 받는 배당금을 키우는 방식이다. 현재는 월급을 받으면 달에 150만 원에서 많게는 200만 원 가까이 매수하고 있다. 그리고 별도로 예금에 저축도 하고 있다. 이렇게 보면 많은 월급을 탈 거 같지만 놀랍게도 내 월급은 그리 많지 않다. 다만 위에서 말했듯이 초점을 늘 고정 수입에 두기 때문에 다른 사람들에 비해 과소비와 불필요한 소비를 하지 않는 덕에 많은 돈을 투자를 할 수 있고 저축을 할 수 있다고 생각한다. 그렇게 월급과 돈이 생길 때마다 매수한 1년 총액은 2000만 원 정도가 된다. 그리고 여기서 약 7%가 배당이 나오는 것이다. 그럼 배당 소득세를 제외하고 약 118만 원의 배당금을 1년에 받게 된다. 현재 받는 배당이 450만 원이었으니 올해 2000만 원을 매수하고 올해 지급받는 배당금 450만 원을 그대로 매수하면 올해 총 배당주 매수는 2450만 원을 하게 되는 것이다. 작년과 똑같은 7%의 배당이 나온다고 가정하면 기존에 매수했던 종목의 배당금은 450만 원이 똑같이 나올 것이고 그걸 올해 나오는 배당금과 합하게 되면 내년 예상 배당 수익은 약 600만 원이 된다. 그리고 또 다음 연도에도 2000만 원과 배당금 600만 원을 또 매수하는 방식으로 꾸준한 배당 재투자를 하고 있다. 이렇게 하다 보면 놀랍게도 지금은 그렇게 많은 변화가 없지만 시간이 흐른 뒤에 엄청난 효과를 가져올 수 있다. 이런 식으로 내가 꾸준히 배당주를 매수했을 시 대한민국 평균 퇴직 나이인 49살 때 받는 연 배당금은 놀랍게도 6000만 원이 넘어가게 된다. 여기서는 2천만 원이 넘어갔기 때문에 배당소득세가 아닌 종합소득세가 발생하여 개인마다 수익률은 다르겠으나 절대적으로 큰 금액은 사실이다. 유지만 된다면 숨만 쉬어도 누가 나에게 한 달에 500만 원씩 이체를 해 주는 것과 마찬가지다. 그리고 놀랍게도 주식 계좌에는 원금 10억도 그대로 있는 상황이 될 것이다. 만약 잘만 유지된다면 미래에 배당금이 부유한 삶까지는 아니어도 평범한 노후 대비를 하는 데 충분한 도움이 될 거라고 생각한다.

하지만 이런 배당투자도 늘 좋은 것만 있는 것은 아니다. 매출과 영업이익의 많은 부분을 주주들에게 돌려주고 재투자하지 않기 때문에 반대로 생각하면 재투자하지 않고 우리 회사의 장점은 배당밖에 없어요가 돼 버리는 것이다. 그로 인해 높은 주가 상승을 보여 주기는 힘들고 잔잔한 주가를 유지하면서 작은 상승과 하락을 반복하곤 한다. 그러기에 급등하는 주식을 원하는 사람의 경우 배당주 매수는 올바른 투자법은 절대 아니다.

오랜 시간 동안 들고 있을 사람에게 적합한 투자 방법이다. 만약 회사의 별 이슈 없이 주가가 큰 폭으로 하락을 한다면 배당을 좀 더 싸게 많이 받을 수 있으므로 매수하는 것이 많지만 반대로 이유 없는 상승이라면 아무리 좋은 배당주라도 우선 매도하고 하락할 때까지 기다리거나 혹은 주가가 하락하여 배당률이 매력적인 배당주를 잘 분석해서 차근차근 적립하여 매수하는 것이 좋은 방법이라고 생각한다.

배당은 정말 좋은 투자 방법이라고 생각한다. 하지만 여기서 중요한 것은 나에게 좋은 투자라는 점이다. 만약 본인의 성격 성향에 따라 다른 좋은 주식투자 방법이 있다면 그게 정답이다. 주식엔 정답이 없다. 그러기에 공부해서 본인의 색으로 만들어야 한다고 생각한다. 세계에서 주식으로 가장 유명하신 워런 버핏 님의 주식 방법이 무조건적으로 모든 사람에게 정답이었다고 하면 아마 전 세계에서 가난한 사람은 없었을 것이다. 그러니 어떠한 주식 법을 콕 집어서 따라 하기보단 많은 책을 읽고 충분한 공부를 한 뒤 본인에게 맞는 투자 방법을 꼭 찾아 성공적인 투자를 하길 바란다.

책을 닫으며

　주위 사람들이 주식투자하는 것에 관해 물어보면 저는 이제 선택이 아닌 필수가 되어 버렸다는 이야기를 자주 합니다. 그래서 주식을 주위 사람들에게 아주 소액이라도 꼭 해 볼 것을 권하는데요. 그럼 딱 두 가지 이유로 본인은 주식투자를 할 수 없다고 이야기합니다. 바로 공부할 시간과 돈이 없다는 이야기입니다.

　시간이 없다는 이야기는 제가 장담하는데 70000% 핑계입니다. 아무리 회사가 바쁘다 하더라도 점심시간과 쉬는 시간에 충분히 할 수 있습니다. 그리고 집에 가서 무의미하게 보는 짧은 영상들과 남의 인생 사는 것을 구경하는 SNS만 조금 줄여도 충분히 누구나 꼭 주식투자가 아니더라도 투자 공부는 충분히 할 수 있다고 생각합니다. 시간이 부족한 게 아니라 시간을 허투루 쓰시는 게 분명할 것입니다. 부자들의 하루도 24시간입니다. 그러니 더 이상 시간이 없다고 하시면 안 됩니다.

투자할 돈이 없다는 말도 핑계라고 생각합니다. 많은 사람이 투자는 돈이 많은 사람들만 한다고 오해하시는 경우가 많은데 돈이 많은 사람이 주식을 처음 하게 되는 모습을 봐서 그런 선입견이 있지 않냐는 생각이 듭니다. 아주 작은 소액이라도 꾸준히 주식을 매수하다 보면 그게 쌓이고 쌓여 분명 큰돈이 될 거라고 믿습니다. 책에도 누누이 이야기했지만 수익도 물론 중요하지만 어디로 흘러나가는지 한번 꼼꼼히 정리해 볼 필요가 있다고 생각합니다. 돈을 아예 안 쓰라는 것은 절대 아닙니다. 불필요한 소비와 과소비를 좀만 줄이고 그 돈을 투자에 쓴다면 분명 나중에 더 좋은 인생을 사실 수 있을 거라고 믿습니다.

투자를 처음 시작한다는 것이 절대로 쉬운 일은 아니라고 생각합니다. 2020년 3월 10일 주식을 처음 매수하는 그날의 떨림은 아직도 생생합니다. 돈을 번다는 생각보단 돈을 잃으면 어쩌지부터 생각했던 과거의 저였습니다. 주식을 시작하기 꺼리시는 분들도 그때 저와 같은 마음이지 않나 싶습니다. 투자에 있어서 한 걸음 떼기가 정말 쉽지 않겠지만 용기 내어 한 걸음만 움직여 보는 건 어떨까요? 만약 힘들다면 언제든지 저에게 말씀해 주시면 감사하겠습니다. 비록 기가 막히게 상승하는 종목만 딱 골라서 종목을 추천해 주는 초능력은 없지만 과거의 주식으로 인해 얻은 경험으로 쭉 건강한 주식투자를 할 수 있게끔 도움이 되도록 노력하겠습니다. 저뿐만 아니라 모든 사람이 행복했으면 좋겠습니다.

마지막으로 주식 꿀팁 하나 드리자면 주식을 하지 않는 사람을 관찰하고 정확히 반대로 하면 쉽게 수익을 낼 수 있습니다. 비록 발바닥과 머리는 찾지 못해도 종아리와 어깨 정도는 쉽게 찾을 수 있다고 생각합니다. 저축만 하는 사람이 저축이 최고라며 주식은 망하는 지름길이라고 하면 그땐 꾸준히 매수하면 되고 저축만 하는 사람이 지금이라도 주식에 투자해야 되나 말을 하면 슬슬 매도를 생각하시면 됩니다. 축제에 놀러 가는데 축제 시작 시각보다 미리 가야 좋은 자리도 앉고 좋은 음식도 더 먹을 수 있습니다. 축제가 절정으로 갈 때 지금이라도 축제에 가야 해 하고 축제에 가게 되면 자리는커녕 먹을 음식조차 남아 있지 않을 것입니다. 미리 가서 남들보다 먼저 앉아 있으면 됩니다. 그리고 누군가가 오면 그 축제 현장에서 나오면 되는 것입니다. 주식도 마찬가지라고 생각합니다. 참고로 지금 주식을 하지 않는 우리 엄마가 자꾸 저축 타령을 합니다. 그럼 저는 이만 물러나 보겠습니다. 다시 한번 감사드립니다.

제가 띄운 자그마한 종이배가 시간이 지나 돛단배가 되고 또 시간이 지나 항공모함이 되어 당신에게 도착하길 바랍니다. 진심으로 책을 읽어 주셔서 감사합니다.

이 책을 쓸 수 있게, 주식을 시작할 수 있게 잘 도와준 석배 형과 항상 책을 잘 쓸 수 있을 거라고 응원해 주신 태호 형님께 정말 감사합니다.

평일 아침 9시를 기다리며

ⓒ 한상현, 2023

초판 1쇄 발행 2023년 6월 2일
　　2쇄 발행 2023년 10월 23일
　　3쇄 발행 2023년 11월 24일

지은이　한상현
펴낸이　이기봉
편집　　좋은땅 편집팀
펴낸곳　도서출판 좋은땅
주소　　서울특별시 마포구 양화로12길 26 지월드빌딩 (서교동 395-7)
전화　　02)374-8616~7
팩스　　02)374-8614
이메일　gworldbook@naver.com
홈페이지 www.g-world.co.kr

ISBN　979-11-388-1954-1 (03320)